U0461115

高等教育与技术加速
——大学教学与研究的蜕变

［荷］英格丽德·M. 胡德（Ingrid M. Hoofd）　著

李珩　王春渝　译

HIGHER EDUCATION & TECHNOLOGICAL ACCELERATION
— The Disintegration of University Teaching and Research

重庆大学出版社

...leration: The Disintegration of University

...and published under licence from

...ica, Inc..

Springer Nature America, Inc. takes no responsibility and shall not be made liable for the accuracy of the translation.

版贸核渝字（2018）第 251 号

图书在版编目（CIP）数据

高等教育与技术加速：大学教学与研究的蜕变 / （荷）英格丽德·M.胡德 (Ingrid M. Hoofd) 著；李珩，王春渝译 .-- 重庆：重庆大学出版社，2023.6
（高校教师教学发展译丛）
书名原文：Higher Education & Technological Acceleration：The Disintegration of University Teaching and Research
ISBN 978-7-5689-3793-1

Ⅰ．①高… Ⅱ．①英… ②李… ③王… Ⅲ．①高等教育—教学研究 Ⅳ．① G642.0
中国国家版本馆 CIP 数据核字 (2023) 第 094278 号

高等教育与技术加速
——大学教学与研究的蜕变
GAODENG JIAOYU YU JISHU JIASU
——DAXUE JIAOXUE YU YANJIU DE TUIBIAN

［荷］英格丽德·M.胡德（Ingrid M. Hoofd）　著
李　珩　王春渝　译
策划编辑：贾　曼　陈　曦
责任编辑：李桂英　　版式设计：陈　曦
责任校对：王　倩　　责任印制：张　策

*

重庆大学出版社出版发行
出版人：饶帮华
社址：重庆市沙坪坝区大学城西路21号
邮编：401331
电话：（023）88617190　88617185（中小学）
传真：（023）88617186　88617166
网址：http：//www.cqup.com.cn
邮箱：fxk@cqup.com.cn（营销中心）
全国新华书店经销
重庆市正前方彩色印刷有限公司印刷

*

开本：787mm×1092mm　1/16　印张：7.5　字数：147千
2023年6月第1版　2023年6月第1次印刷
ISBN 978-7-5689-3793-1　定价：45.00元

总　序

　　教师教学与教学发展是一项专业活动，高校（包括专业院系）、教师（包括教学团队）、学生等都是这项专业活动的核心参与者与利益相关者。当我们审视尤其是展望一项专业活动的未来时，通常都会对其所处的内外部环境进行扫描，以此来尽量地发现和确定其所面临的机遇与挑战。经济发展与社会转型（如全球化等）、教育教学改革与发展（如高等教育大众化或普及化、以学习者为中心的教学范式等）、教学理念与技术的更新（如循证教学、教与学的学术等）、学习方法与策略的变化（如深度学习、自主学习等）等都是高校教师教学发展所置身其中的重要内外部环境，只有基于对上述内外部环境的认识与理解，才能更加全面地把握与预见高校教师教学发展面临的机遇与挑战。

　　作为教师　　　　　　　　　　同时也是丛书的译者，我们将丛书的读者定位为高等学校中关心和　　　　　　　　　　　　　　　一线教师、教师教学发展从业者以及高等学校教与学相关的专业研究人　　　　　　　　　　　　　师教学发展面临的机遇与挑战为出发点，我们希望作者、译者、读者都　　　　　　　　　　　高校教师教学发展的未来，因此在选择书目时会考虑其编著者是否对高等教育改革与发展的内外部环境有足够的认识与理解，对教学发展与学习发展所面临的机遇与挑战是否有全面的把握与预见。该丛书是重庆大学教师教学发展中心整合学校资源，经过较长时间的筛选与审读的，我们确信，第一批遴选的五本著作都能够满足以上两个条件。为此我们与重庆大学出版社合作，陆续推出了"高校教师教学发展译丛"的第一批，包括《高等教育与技术加速：大学教学与研究的蜕变》《新教育：不断变化的世界给大学带来的一场革命》《教师学习与领导力：教有、教治、教享》《高等教育循证教学》《STEM 教学实践指南》等经典著作。

　　该丛书既关注宏观的经济与社会发展（如新媒体技术），也关注高等教育自身（如高等教育转型发展、学术伦理），最终又落脚在教师的教学策略、学生的学习方式等。《高等教育与技术加速：大学教学与研究的蜕变》基于新自由主义经济制度与大学之间的纠葛以及世界高等教育转型发展的背景，批判性地分析新媒体技术、学术伦理及其与当代大学教学策略之间的关系，涉及大学外部的"贪婪企业"和内部的"免疫紊乱"，海德格尔和加塞特等对教学的影响，以学生为中心和自下而上的学习方式等诸多方面。作者从其作为学术和行政人员学习和工作过的亚欧大学收集了大量的逸闻趣事，这些故事不仅能够帮助读者更深入地了解这些大学及其人和事，也能够启发读者重新审思新自由主义经济背后的一些理念。

同样是以社会变革为宏观背景，思考技术变革与社会发展、社会重塑与教育变革，在此基础上反观学校、课堂、教学、学习等和教与学密切相关的具体要素，《新教育：不断变化的世界给大学带来的一场革命》的作者提倡"当变革性技术出现并开始重塑社会时，我们必须依靠高等教育为学生的生存做好充分准备"，基于高等教育滞后于社会变革的背景，反对技术恐惧或技术狂热，探讨如何以创造力、协作力、适应性等21世纪最重要的生存工具为抓手来改造学校和课堂，从而不仅教会学生如何思考，更要教会他们如何学习。这本书揭示了培养学生的路径和方法，使学生不仅要生存，而且要在即将到来的挑战中茁壮成长，适合所有想要了解为什么以及如何为21世纪重新构想大学的人。

相比前面两本著作，《教师学习与领导力：教有、教治、教享》将其关注点直接聚焦到"教师"这一教学最为核心的主体，强调应最大限度地发挥教育体制中教师的主观能动性，强调只有通过不断地加强横向与纵向的学习，教师方可成为优秀的教育者。基于"最好的教育者首先必须是最好的学习者"这一基本立场，通过回顾和梳理加拿大教育改革中所经历的包括由上至下、由下至上、市场驱动等在内的各种改革和发展的尝试，提出并论述了一个适应21世纪加拿大教改需求的新颖构想，即"归其所有，由其而发，为其所用"的教师专业发展模式及系统。希望通过借鉴加拿大教育理论专家和实践者在开发教师学习与领导力方面的相关经历和经验，帮助国内同行寻找一个更符合中国国情的教改发展之路。

教与学的学术（Scholarship of Teaching and Learning, SoTL）是近年来高等学校教育与教学的热点，循证教学（Evidence –based Teaching）则是更为新的教育教学理念。《高等教育循证教学》将"教与学的学术"和"循证教学"两者结合起来，探索基于数据驱动的证据来指导教师挑选教学技巧与工具，尝试将SoTL的理论研究与教学实践相结合。围绕和谐师生关系、在线教学、新媒体技术等主题全面梳理现有的SoTL研究成果，分析现状与问题，并给出基于证据的对策建议，旨在帮助教师挑战教学技术与工具，进一步帮助有志于从事SoTL的教师明确其在相关领域的出发点和可能的落脚点。本书不仅是针对非专业人士关于如何授课的简略指南，而且还涉及诸如因时制宜地选择教学技术，可以作为指导教学发展从业者组织教学发展工作坊、开展教学咨询的依据。

《STEM 教学实践指南》从一位大学化学专业教师的视角出发，将注意力更多地集中于高校一线教师在教学实践中会直接面对的一些具体的、实际的、操作性的问题。作者以"STEM 教育水平的高低在很大程度上影响着一个国家的创新力和竞争力"为出发点，反思了传统教学方式在促进学生深度学习和能力培养方面的局限，倡导"以学习者为中心"的教学范式，详细分析和阐述了教学设计、教学实施、教学评价这三个阶段中具体的困难与对策。在重点关注学生学习成效提升的同时，探讨学生批判性思维、高效团队合作和自主学习等方面能力的培养。新教师可以从书中学到很多行之有效且容易上手的教学策略，避开雷区，少走弯路；资深教师则可以结合书中内容找到共鸣，引发反思；教学发展和教学管理从业人员则可以借助该书提升工作水平。

本译丛得以实施，得益于重庆大学教师教学发展中心专项资金资助，感谢支持该项目立项和为该项目获得批准而付出辛勤劳动的重庆大学副校长廖瑞金教授、本科生院院长李正良教授。本译丛得以出版，要感谢重庆大学教师教学发展中心黄璐主任、李珩博士、陈圆博士、刘皓博士和重庆大学外国语学院游振声博士以及翻译硕士们的辛勤付出。尽管教师教学发展中心一直在开展教师教学发展项目，翻译国外著作对于教师和学生而言也是一种培育和鞭策，但同时面临着语言、专业及能力等诸多挑战，即便我们努力找到与现实教育场域非常贴切的表达方式，仍可能存在不足与问题，万望各界专家和教师们海涵并指正。本译丛得到了重庆大学出版社陈晓阳老师、陈曦老师的大力帮助。对参与该项目的所有同事、学界同仁、出版社的朋友，以及他们对本译丛能够克服重重困难而得以顺利出版所给予的支持、鼓励以及体谅，我们表示由衷的感谢！最后还要特别感谢我的先生但彦铮，对丛书的翻译工作给予了全方位、大力度的理解与支持。

重庆大学教师教学发展中心作为国家级教师教学发展示范中心，一直关注国际教育发展的动态趋势。该丛书的主要译者都有研修、访学和两岸交流的经历，他们或策划实施或亲身参与了诸如牛津大学举办的"Oxford Faculty Development Programme"、密歇根大学举办的"CRLT Fellows Program"等国际化教师教学发展研修项目，以及台湾大学举办的 ISW（Instructional Skills Workshop）、FDW（Facilitator Development Workshop）国际认证教学发展高级研修项目，这些项目的经历、经验及其本土化应用都极大地促进了学校和区域的教师教学发展。衷心希望本译丛的出版能更好地满足当前教师教学发展研究和实践的需要，为我国教师教育研究和实践做出贡献。

彭　静

2021 年 8 月于重庆虎溪

前　言

在过去的几十年里，大量有关高等教育变革的学术著作在世界各地问世，其所持态度既有积极的也有消极的。在互联网上快速搜索此话题，得到的结果有百万余条，其中许多是在过去 20 年里写就的。事实上，出版物的数量呈指数级增长，有效解决了当前学术生产过剩的问题，但矛盾的是，这也为批判学术生产过剩提供了依据。那么，为何要在此领域著作已经非常出色且研究充分的情况下再添一本呢？事实上，著写此书的原因很简单：这与本书指出的现有著作自我指涉的深度缺失有很大关系。它们关注的是大学令人称道的理想和无益的新自由主义经济之间的纠葛，而不涉及如过度生产的悖论等问题。而且，许多更具批判性的书籍都认为，近年来，大学已经沦为受害者，其遭受的外部强加于己的新自由主义政策和技术的不道德的攻讦，导致了一系列前所未见的内部和外部问题。本书虽然同意文献中普遍存在的新自由主义论点——事实上还常常以简约表述提及近期高等教育的转型，但仍然认为这个普遍观点未能揭示大学实际上应如何在一个被妖魔化的"外部"环境中规划有关自身运作和理想的路径。因此，本书认为来自"邪恶的"政策制定者和管理者的明显腐败的新自由主义，仅是经济和技术加速发展导致的却又无法从根本上最终解决的一个紧张和扭曲的症状。然而上述症状实际存在且一直存在于全面知识和解放的正直理想核心之中。这意味着本书希望通过大量看似无关的理论和实践案例，从教学和研究层面以多种途径找到当代腐败的原因。教职员工和学生现在和过去都寻求忠于这些创始初衷。如果这样的论点可能在一些人看来最初是令人震惊的丑闻，或者相反，仅仅是恶作剧般地钻牛角尖，那书中表明这一论点确实在某种程度上是可耻和自私的，因为本书也恰恰是秉持雄心壮志追求构建各级学术界运作的科学和社会透明度的一个镜像。然而，本书绝不仅仅是理论上的戏谑。无论其是否涉及员工倦怠、过度兼职，学生的工作和生活屈从于日益压抑的竞争机制，或者大学与本地或全球社会精英的再生产联系在一起的方式，书中想强调这种理想化但有害的运作从根本上是与围墙内外的痛苦相互纠葛的。

因此，本书希望通过对透明度、平等、知识积累和民主的观念以及理想的重新审视，阐明理解现代大学目前反常之态的迫切需要。尤其是近几十年来，这些扭曲现象在各个层面是如何加剧的。此外，本书还想揭示关于传播或媒体透明度的理念是如何与理论及其他学术实践的产生纠缠的，以便我们可以理解现代技术和高等教育功能之间的联系，而不仅仅是通过媒体工具赋予权力的论点。更明确来说，本书表明，处在透明而解放的工具、技术开始在全球社会中变得近乎普及的历史交汇点上，恰好提供了机会为这一基础的启蒙探索固有的问题和阴暗面带来了一些亟需的启发。由于师生体验和机构运作往往以错综复杂，间或又以极其微妙的方式自我呈现，本书中许多材料均是我作为学术或行政人员，在曾学习和工作的亚洲和欧洲大学中收集的轶事。虽然这明显有其局限性，但本书希望能对这些机构，其中工作和学习的人，以及如出一辙的国家或全球更广背景之间的阈限联系进行详尽阐述。我希望本书以此种方式进行仔细分析，也是对所有在某种程度上受到其运作影响的人的关怀的标志，以便我们大家最终不仅能够重新评估有悖常理的新自由主义经济，而且尤其能够重新评估以此主要方式影响着新自由主义经济的创始思想和理念背后的扭曲之处，因为经济功能事实上常常可以明显追溯到学术研究创新和教学的"改进"。最后，由于本书的主要目的是对导致其概念、写作和传播的机构进行批判，因此将避免谴责任何管理层，也不是为当代高等教育中面临的紧张局势和难题提供过于简单的解决方案，因为对简单解决方案的痴迷本身就是这种紧张局势加剧的结果。相反，它将以结论的方式寻求提高利害关系，让知识加速和解放的问题成为一个似乎更加无法解决的致命话题。只有到那时，本书的论点才可能产生某些真正无法预见的后果，因为其自身也同样参与了对透明度的加速追求。在这种追求中，学术界终将解散。

荷兰乌得勒支大学

英格丽德

致　谢

本书是围绕近期高等教育转型中各种思潮的巅峰之作，我之前亦通过一些期刊论文对此进行了探讨。例如，第二章的部分章节此前曾以《新加坡：西方桥头堡还是反制力量？》为题出版，内容与本书略有不同。《新加坡高等教育政策中创造性和批判性思维的激发》，载于《全球化、社会与教育》特刊《批判性高等教育研究的新研究议程》第 8 卷第 2 期293~303 页（2010 年），由伊娃·哈特曼和苏珊·罗伯逊合著。第三章是对学术期刊《伦理学与教育》第 6 卷第 1 期 53~67 页（2011 年）中《作为暴力的质疑：全球知识企业中的教学伦理》一文的部分修订。还有第四章最后结合了发表于《蜉蝣：组织中的理论与政治》专刊《卓越的制度》2010 年第 10 卷第 1 期 7~24 页的《加速的大学：激进主义学术联盟和思想的模拟》以及论文《激进主义社会科学传播理念的金融化》中的观点。后者刊登于莫汉·杜塔和马胡亚·帕尔 2015 年担任客座编辑的《全球媒体杂志》专刊《金融化、传播和新帝国主义：流动回路中的意义》。我要感谢所有的编辑为了这部尤为特别的书同意对已出版的文章进行重复使用或部分改写。

我还非常感激其他一些人，因为他们为本书的理论概念化慷慨地提供了他们的观点和看法，包括瑞安·毕肖普、约翰·菲利普斯、杰里米·费尔南多和索雷尔·亨里库斯，以及我在乌得勒支大学的所有新同事，他们仍然对荷兰大学最近的变革和随之而来的令人窒息的内部监督文化保持了卓有成效的批评态度。我还要感谢新加坡国立大学传播与新媒体系和荷兰乌得勒支大学媒体与文化系的管理层。若没有他们在"理论幕后"的持续努力，本书是不可能完成的。最后，我要感谢我的合作伙伴桑德拉·霍尔·马尼卡姆，感谢她对欧洲和亚洲高等教育的深刻见解和批评，也感谢她对我的工作和想法的无条件支持。即使是在我学术生涯中那些令人震惊却又颇具启发性的时刻，我确信理应高尚的高等教育机构的狡猾运作最终击败了我。这些事故最终被证明是偶然的——意外事件也往往如此——因为它们让我更好地理解了完全透明的理想与现代大学的秘密运作之间的关系。这也使我得以继续在乌得勒支大学的人文学院工作。那里有许多优秀的研究人员和教师，他们在许多方面甚至比我以前的大学更严重地受到这一理想中固有的紧张和矛盾的困扰。因此，我对亚洲和欧洲所有充满激情和幻想破灭的教职员工和学生表示同情，他们目前正在透明暴政的负面影响下工作。我希望这本书也将为他们提供一些距离和安慰，远离所有的教学、管理和出版方面的失望和压力，并帮助他们中的一些人理解情感和身体上的不满不是他们的错，而是反映了大学目前正在恶化的自体免疫疾病。

目录

第一章　速度与学术盲区

第一节　透明的暴政：学术界的自体免疫

在大多数高度发达的西方国家，对当代大学本质的传统批评倾向于分为两个看似对立的阵营。这两大阵营的轮廓——新自由主义管理学者和那些谴责大学新自由化的人——可以在许多学术文献以及较大型的新闻和商业出版物中觅得蛛丝马迹。就新自由主义管理学者的立场而言，经过内部重组并与某些政府税收资助脱钩后，如今的大学或将会拥有更好的"质量"。因为大学最终成为据称运行更高效的全球金融体系的一部分，这些专家甚至常常认为得益于更多以实践和消费者为导向的监管和改革，学术研究和教学已经"改善"，资金不再"浪费"在低效、无价值和无关紧要的人和项目上。

另一方面，在那些反对或谴责这些新自由主义变革的人中，争论的焦点反而在于传统大学的卓越目标——那些超越单纯的经济和实用主义的目标——已经在这种以消费者和产品为导向的管理主义新体制下挥霍一空。这实际上已经对研究成果的质量（如果不是就数量而言）和良好的教学方法产生了不利影响。我想首先就表明我对评论家这个群体的同情和亲近，但又不完全同意其观点——哀叹新自由主义背景下的大学中，数字压迫尤胜基础科学与哲学必不可衡量之品质。正如伊莎贝尔·司坦厄斯所说：客观评价最终会扼杀大学里的哲学（2011，5）。此外，他们经常争辩新自由主义大学已然成为教授和学生遭受管理层剥削之处，而管理层对大学"真正"和更深远的目的——独立追求正义、知识、真理和解放一无所知。

就意识形态基础和观点而言，这些阵营从表面上看似乎相距甚远。有趣的是，虽然这些阵营的确看似针锋相对，但其实两者都认为不论好坏，大学在很大程度上已变为一家"企业"，正如我们的高科技资本主义经济中的其他任何企业一样。一些新自由主义学者认为，大学不得不或已经变得像其他任何行业一样，只是感受到了几十年来在"真实"或正常的企业和非学术机构工作的所有人都必须承受的压力。学者们再也不能"躲"在象牙塔里，对"真实"社会一无所知，只能和其他人一样，应付那些有限的资金流、绩效评估和关键绩效指标。同样，那些谴责大学进入全球市场的人哀叹当代学术界对经济力量的极度渗透，甚至常常敦促大学回归"古老的"独立状态。例如，著名媒体哲学家齐格弗里德·齐林斯基在接受评论杂志 Rhizome 记者大卫·西尼尔采访时，"激烈"地辩称："他们能够再次如璀璨的象牙塔一样蓬勃发展。在院校内的学习应该比以往任何时候都更能提供一个受保护的时间和空间，在这里原创思想和理念皆可被发展和尝试。"（2006，n.p.）荷兰大学联合会前主席卡尔·迪特里希在他题为《从象牙塔到玻璃屋》的简短控诉中也指责当代大学失去了最初的独立性（2014，161），尽管他认为如今的大学被迫对公众负责也是一种积极的发展态势。传统大学在某种程度上被"隔离"或保护起来，避免受到市场或者甚至来自政府在意识形态某些方面力量的影响——这是批判性思想、独立性实验和创造性表达自由流动的避风港——因此这一信念在两个阵营中都占据着显著的主导地位。简而言之，无论是新自由主义经济对旧大学的消极侵蚀还是积极改变，两个阵营都同意新大学将成为或已经成为当今众多资本主义企业中的一个商业节点。无论好坏，这些管理者的商业模式均来自那些"旧墙"之外。

但它现在是否仅是一个这样的节点，就正如其他节点一样呢？毕竟，将大学认定为"大转型"，显然并不意味着完全或彻底的转型。在这种转型中，那些"不切实际"和"低效"的元素已经真正地彻底消失。奇怪的是，正如史蒂文·沃德在其新书《新自由主义与知识和教育的全球重组》中阐明的那样，随着金钱和人力如今被浪费在无休止的绩效评估上，新管理主义导致了许多新的低效现象（2012，111）。此外，许多人谴责高等教育中的新管理主义（我联想到像亨利·吉鲁、诺姆·乔姆斯基和斯坦利·阿罗诺维茨等人令人振奋的工作），但自己实际上仍旧在学术机构或其边界上埋头苦干。更何况，如果大学现在确实是一个纯粹的企业，人们仍然可以问：它到底是什么企业或者应该是什么企业？这个问题远不是"学术性的"——正如老生常谈的假设，即这些问题仅仅是"抽象的"，与"真实的"世界无关。按照这一思路，人们还可以争辩大学不是也不应该是一个企业的这一想法——总之，大学仍然应该代表真理、解放和正义的理想——相对于其他仅仅提供职业培训或开展应用研究的机构或公司，这一想法实际上促进其自身高度商业化的特殊性或差异性。事实上，即使是新自由主义学者也希望把大学作为一个企业"营销"。在这个企业中，有关创造一个更优社会的传统理念为其当代项目和产品"增加价值"。除此之外，新自由主义市场经济的原始理论、思想和规则本身实际上首先是由那些具有学术地位或至少具有坚实的学术背景的经济学家甚至哲学家发展起来的。例如，人们可能会想到弗莱堡学派的瓦尔特·欧根和芝加哥学派的米尔顿·弗里德曼。我要指出的是，社会、经济或产业与大学之间的边界现在和过去都可能比"象牙塔"与学术独立或客观性的概念所彰显的更容易渗透。大学如今当然是一种产业，但也绝对不仅仅是某种产业。它仍然是深入处理社会经济目的和知识间典型自反问题的场所，即使时常是由那些处于其官方机构参数危险边界的人处理。此书本身即是这种自反成分的典范，这种成分仍然是新自由主义大学的重要组成部分：大学从事或应该从事什么行业的问题，以及大学过去独立于工业力量的结论的复杂性，在本书中皆有提及且着眼于其知识体系的进步，以支持诸如民主、自由、知识收集和解放等一系列社会理想。这毕竟是它的业务，也是我的出版商了解到的一个非常有市场价值的观点。

本书认为，有人可能会发现我们在上述"真正"的学术抱负和"反常"的经济刺激间的困惑中所见的是一个与高等教育讨论无关的文字游戏。这些看似对立的关于学术质量的"消亡"或"复兴"的叙述，实际上源自新自由主义者和抵制新自由主义者共有的对大学理想及其在社会中的作用的概念化。因此，奇怪的情况是大学"屈从"于它自己产生或提出的新自由主义理论、技巧和技术。可以说，今天的大学患有一种特殊的自体免疫疾病。我想说的是，长期以来这种疾病一直在其核心原则和目标中挥之不去。本书以一些杰出思想家的方式宣称大学一直遭受着自体免疫或"自我解构"这一奇怪的折磨，尤其在今天，新自由主义经济的技术加速带来了这种自体免疫前所未有的前景，这反过来又导致其统治范围内基本紧张局势和公然不兼容的加剧。因此，大学项目从其雄心勃勃的开端一直到今天，其自体免疫的历史连续性仍然存在，即使这种连续性已经趋缓但稳步地被生产力、"自由市场"理想和效率取代。然后，本书希望通过结合大量学术实践的"自体免疫"实例，以一个也许意想不到的理论视角来说明这种替代是可能的，因为在研究和教学中表现出来的解放、真理和自由的乌托邦目标，从一开始就已经被压迫、谎言和排斥的恶魔玷污。怪诞的是，大学不像任何其他行业的事实或坚持恰恰是它的问题所在。这是因为其项目中的基本紧张关系——迪特里奇在《从象牙塔到玻璃屋》中称为"内在矛盾"（荷兰语"ingebouwde tegenspraak"，2014，160）——这在历史上导致通过科学和哲学讨论取得进步的错觉，知识的生产在经济意义上确实变得"富有成效"。因此，我们最终会发现，大学的核心存在一个根本的困境。这种困境在今天表现得极为突出，以一种更明显的伪装，对其人文主义价值观和利害关系进行了难以理解的颠倒。这导致许多当代大学的所谓知识工作者发现自己面临着矛盾的感情和精神分裂的状况。例如，他们通过教育向学生传授社会等级制度的弊端，同时又根据学习成绩将他们按等级数字分类排列。因此，在当前的经济环境中，尽管大学经常被许多这样的"工作者"和学生压制或内化为个人失败或是与制度要求格格不入的地方，但它仍然最能敏锐感受到西方启蒙思想困境加剧后引发的基本矛盾的两面性。

因此，重申一下本书的激进主张是大学的首要使命或理想——彻底解放、自由和知识积累的目标——正是目前在学术界"内外"产生极其不公正做法的原因。它在"外部"产生的诸多不公正做法涉及通过所谓的精英教育进行的社会分层，以及那些对越来越多的文化和群体进行社会学、计算学和心理学的对象化处理，而它在"内部"产生的不公正实践涉及内部等级制度、排名、分类、把关机制和各种排斥。而且由于该实践的再现本质上涉及现代技术和认知技术，本书建议无论多么富有同情心，与其争论回到所谓的"围墙"大学，不如更好地理解这个问题与通信、可视化或计算等现代技术的交叉，这对真正以不同的方式思考现代大学项目至关重要。因此，本书认为当今大学的核心问题在于通过与通信、计算和预测技术的融合，加速学术界不可完成的理想。通过技术辅助的全知和普遍联系来寻求超越——毕竟，"university'"一词来源于拉丁语"universitas"或"totality"或"total community"——这带来了对所有事情和每个人同样透明和可理解的追求。正如我将凭借技术专家保罗·维利里奥的著作更深入地讨论当前的大学及其新的暴力形式是"过时的"人文主义理想和技术的流出或强化，其内部矛盾已经被新自由资本主义及其加速机制篡夺，并不断被重新激活。我们在此也看到了自体免疫的回归，因为在全知加速的当代机制的诸多方面——我们只需想到早期的控制论研究，像阿帕网这样的创新以及以工程为导向的噪声消除通信模型——至少在很大程度上是由大学来实施（令人不安的是，常常是在军事资金和机构的帮助下开展，关于这些资金和机构的意义稍后会有更多的论述）。换句话说，充满希望的学术项目"将世界和人类暴露在真理和解放的光芒下"，连同其具有破坏性的"邪恶双胞胎"——压迫性普遍主义、社会屈从、监视和殖民主义——已经屈服于自身，成为本质上两面派的学术界技术上近乎无处不在的"自我暴露"。这也是为了强调，在批判性地审视许多当代欧洲大学"回归"假定的"研究自主"的怀旧呼声时，以及在分析后殖民地当代大学提出的各种似乎有悖常理的"知识即资本"论点时，应该更仔细地考虑学术研究的方式历来是西方帝国主义的一部分。我将在第二、三、四章中提供来自荷兰和新加坡的不同例子说明这种趋势。

有鉴于此，本书也希望探讨学术界与现代技术之间的关系或相互作用。与大多数高等教育新自由化的批评者相比，这些人主张技术仅仅是从"外部"应用于学术界，或者仅仅是"内部"使用的工具，并认为现代技术是一种更为根本的复杂机制。例如，沃德在《新自由主义与知识和教育的全球重组》一书中声称，由于信息被转换成比特和字节，数字知识经济迫使学术界对绩效指标进行量化，导致"硬"科学和"软"科学中某些种类知识的消除和转变（2012，126）。尤其是人文学科，沃德说其知识的形式和媒介（如专著）不能被简化为纯粹的数字，不能被分解为可销售的部件，也不能被制作为跟随快节奏产出的动力，因此受到这种量化的影响（2012，127）。虽然我同意沃德在数字化方面的观点，但他似乎没有考虑到这样一个事实，即正如我前面提到的，这些技术不仅起源于大学的研究，而且通信和可视化技术的所谓赋能质量实际上从中世纪晚期和欧洲早期启蒙运动就一直是大学设置的一部分。例如，人们在这里可以想到勒内·笛卡尔对物质世界的机械论观点，望远镜和显微镜等发明的至关重要性，或者传播科学思想的方式都依赖于书籍印刷技术。由此看来，学术界与媒体技术的基本融合是一种持续不断的、内在的辩证关系。在这种关系中，这些技术最终证明不仅仅是进行研究和教学的一种手段。相反，由于他们与学术界自体免疫的内在联系，自相矛盾地暴露出自己既是全面知识学术理想的促进者，也是其阻碍者。准确地说，木书认为阐述和全知的理想，以及今天通过现代数据驱动技术和视觉媒体辅助手段实现的方式，本身就如学术的本质一样模棱两可，最终难以把握（因为它们的边界同样无法确定）。

本书还希望证明，有鉴于此，就大学如今的中心逻辑而言，这种对技术的阐述及其透明度的模糊性在逻辑上却是自相矛盾，目前最重要的是由一种无处不在的"隐形"功能或未知的质量构成。这是因为，特别是构成今天教学和研究核心技术的控制论技术，正如我将在本章后面讨论的那样，从根本上来说依赖于其模糊自身的操作。这反过来又导致一个新问题，即当代大学越来越成功地隐藏了其内部压迫性的运作，以支持大学的"客观性"以及它处于知识、透明、解放和真理的"前沿"的虚假形象。此外，这种"隐形"功能与当代数字技术中的军国主义逻辑密切相关，本章将通过维利里奥在科学、技术和视觉方面的工作来探讨其对大学的影响。由于这种加速透明的隐形逻辑，让·鲍德里亚创造出令人窒息的"生产主义"原则这一新术语。后来在他的《生产之镜》一书中，该术语试图揭示一种高度意识形态化的观点，即人类本质上是生产或创造的代理人——在大多数当代大学中占据主导地位。将不符合这一逻辑的任何人事物都贬伐为此，不仅不受欢迎，而且完全不可理解，正如我们在人文科学或理论科学中可以证明的那样。正是这种情况在逻辑上加剧了大学师生之间的紧张关系和精神分裂体验，但也正是如此最终让这本书暴露了它的虚伪。大学里不可消减的未知品质，以一种本能对抗的形式出现，然后在人们最意想不到的时候跳出来复仇。这毕竟是管理主义的本质。在其内在原则的指导下，只要它想更有力地驱逐它，它只会加强这个原则。最后，这本书提出通过追踪学术界的结构性矛盾和不公正，由这种技术加速产生的不稳定性、不一致性和模糊性也带来一种不恰当的可能性和一个彻底替代未来的承诺。这些矛盾和不公正导致学术成为其自身的宿命。因此，本书希望为仍然是"致命"投机性的、神秘的和不透明的学术写作和参与进行论证（也许特别是在自然科学领域），以便在维利里奥所担心的完全透明的暴政之外挑起一场论战。如果可以称为策略的话，它旨在扩展鲍德里亚的坚持，即动员一种更为"致命"的激进理论，以便实现结构上的差异。但是在我们得出结论之前，我们首先必须仔细看看这一人文主义的悖论是如何在那些近几十年来推动大学转型的文本中表达自己的，而且可以说是最接近大学危机的"源头"：批判人文主义。详细研究这些批判性著作的价值，除这些著作对最近的学术变革提供了极好的描述外，还在于它们也在自己的修辞层面上处理大学的危机和悖论，因此倾向于明确地揭示学术研究和写作的核心中存在的斗争、紧张和矛盾。因此，我建议大学自体免疫力的恶化可以从概念上、地理上、范式上、历史上定位于这些作品中并通过这些作品来实现。

第二节　新自由主义大学理论：人文主义加速

为了进一步阐明和深化我的主张，即大学项目一直存在的自体免疫如今是如何被服务于新自由主义的加速技术席卷，以及学术界关于自由、赋权、正义、真理和民主的理想是如何被效率和生产力的特权取代，本书将在第一章第三节，通过两位据称是过去几十年里最具见地的大学评论家让·弗朗索瓦·利奥塔和雅克·德里达诊断其目前状况的方法来展开研究。根据这两位评论家的结论，本书在第一章第四节中将依次动员另外两位评论员——保罗·维利里奥和让·鲍德里亚——他们可能没有明确地写过关于大学的文章，但依照本书的说法，他们的著作或许更具极端挑衅性质，皆以关键的方式补充了利奥塔和德里达提出的见解。讨论这些著作的目的不仅仅是建立一个理论框架，使过于简单的论点复杂化。这些论点只不过是针对学术研究和教学的独立性或中立性来指责新自由管理主义，第二章将对此作更详细的论述。这也不仅仅是为了让本书在随后的章节中，从所谓的硬科学和软科学的学术研究议程到新颖的教学实践（比如保罗·弗莱雷著名的"被压迫者教育学"）梳理出这种加速的自体免疫及其"隐形"功能在今天是如何具体地体现在大量的例子中。这些议程和实践本身就是以反对新自由主义力量的姿态出现，但实际上，正如本书希望证明的那样，在当前的技术经济条件下，它们遵循着新自由主义的要求。相反，这是为了表明所谓人文主义高等理论的产生，在提供对大学深刻分析的同时，也同样遭受或试图解决在控制论加速发展时代，大学周遭利害关系提高的困扰。利用斯特凡·柯里尼在《大学教育为何》一书中提出的观点，从人文学科特有的紧张关系和概念中重新思考大学是有意义的，因为正是学术论证的水平让我们对"智力活动的本质"有了重要的洞察（2012，75）。更简单地说，批判性人文学科更明显地展示了大学的自体免疫，因为他们发现自己有责任去质疑，甚至去质疑这种责任本身。这意味着我们将能够在这些批判性理论中辨别出一种将当代大学固有的紧张关系主题化的方式。一种具有启发性的理论知识"产生"于此，尽管是自我意识，它却不能不顺应对学术项目的某种必然希望或乐观主义。虽然本书的目的肯定不是谴责或嘲笑这种乐观主义——当它本身也同样以充满希望的批判精神写作时，它怎么可能这样做——但这场讨论试图揭示所有这些理论家展示的大学最终理想如何在今天的技术加速中被扫地出门。的确，技术的加速和随之而来的大学自身的过度曝光，在这些理想中找到了持续的根源。他们（和我）的希望不仅是对大学当前危机或价值"消亡"的绝望镜像，而且更具体地说，它将表明作为大学的核心理念被重新实现的希望时刻是如何变成富有成效的共谋时刻。正如我们稍后将通过鲍德里亚在《完美的罪行》中对批判理论的些许嘲弄所看到的那样，正是这个真实（社会秩序）的假设，理论据称必须创造一种"忠实的"描述，而这种描述仍然是此挫败理想之中彻底的同谋。简而言之，这一节围绕着当代大学的表里不一带来的挑衅展开，并始终存在于借助更加复杂的可视化和交流技术来表现"外部客观"的策略中。因此，这一策略的加速的确可以追溯到很久以前，并且可以通过批判理论保持这一策略精神的方式来追踪。

作为批判性理论如何展示和栖居于这一策略掩盖的困境的例子，让·弗朗索瓦·利奥塔的《后现代状态：一份知识报告》以最具启迪性的方式论述了学术界和高等教育的变革。利奥塔于20世纪70年代末著就此书，着眼于欧洲和北美的背景，其中一个主要论点是"社会计算机化"作为先进资本主义的必然结果，将深刻影响知识生产（1979，6）。利奥塔认为，重要的是信息的量化和数字化使得"知识的商业化"成为可能，这反过来会使某些研究领域过时（1979，5）。更具体地说，他坚持认为即将产生的知识种类以及这些知识合法化的方式将发生根本性的转变，因为从现在起，知识生产将必须符合数字机器的逻辑。这无疑是利奥塔有价值的论点略微简化的再现。许多新自由主义大学的批评者，其中也有新自由主义和全球重组的支持者沃德，已接受了这一观点。然而，我想指出，许多像沃德这样的评论家对利奥塔著作其余部分的解读有点误导读者，以至于他们意外地忽略了利奥塔关于评论批判性作品作用的一个重要观点。例如，沃德从利奥塔关于数字化限制知识生产方式的告诫中得出结论，这种情况的"受害者"是所有"缓慢且多余"的研究工作（2012，120），因此特别是那些领域的研究——在这里人文科学也就典型的"缓慢"领域（但也是所谓的基础科学）——从事"理论、批判和思辨"工作（2012，122）。沃德认为，在新自由主义大学盛行的"标准化实证主义方法"导致了"后知性"，在某些情况下，甚至会被所谓的重大问题激怒（2012，122-123）。最终随着"面向公众的知识观念"的衰落，沃德说："大学是无偏见知识中心的想法也在逐渐消失。"（2012，125）如今，在促进当代知识生产变化的批判性分析方面，沃德的论点固然有其优点，但他的叙述很容易围绕着可疑的陈词滥调，而不是所谓的硬科学，并且还有大学以前的"独立性"以及它被认为"屈从于"外部市场力量的刻板印象。正如我之前暗示的，这种变革力量不是简单地由"邪恶外部"强加的。更重要的是，沃德关于人文学科中批判性和思辨性工作的快速结论，虽然可能吸引了所有从事这类工作的人的虚荣心（就像我一样），但问题在于忽略了利奥塔随后关于知识转化实际错综复杂的论点。针对投机和批判的伤害，利奥塔在《后现代状态》中明确警告说："区分两种知识会很诱人。一种是实证主义的，它将直接适用于与人和物质有关的技术，并将其本身作为系统内不可或缺的生产力发挥作用。另一种是批判性的、反身性的或解释性的——通过直接或间接地反映价值观或目标，将抵制任何这种'恢复'……我觉得这种区分解决方案不可接受。"（1979，14）

利奥塔继续指出，这种对立思维不仅已经过时，而且其本身可能会再现"它试图解决的另一种选择"（1979，14）。为了解释这一点，他将学术研究理解为一种具有双重性的"游戏"。请允许我就利奥塔的论点谈一点细节，因为这将有助于阐明今天为捍卫（回归）真正或理想的大学而提出的一些表面上令人同情的主张。这种捍卫也经常以"为了知识而知识"的口号来表达——因为它掩盖了知识始终与权力有牵连的方式。如果我们想辨析大学的"商业"特性，就必须从科学和人文两个方面去看大学知识生产的内在逻辑。利奥塔认为，这种"游戏"是对真理、科学和哲学知识的学术追求——无论是从经验上还是理论上产生的——声称它为人类社会最终完全理解世界积累了证据和见解——事实上，这是大学的愿望。利奥塔说，科学本身从来不是作为"知识的全部"的表征而存在，因为它主要依赖于"另一种知识"，他称为"叙事"（1979，7）。在科学能够着手制定一种"获取"证据的方法之前，它总是需要关于什么是证据的某些预设和共识。或者，例如，阿塔纳西奥斯·穆拉基斯在一本主张向工程师们教授人文学科的书《超越实用》中写道："正是因为思想可以通过语言交流，科学以及其他事物才成为可能。"（1994，103）因此，利奥塔总结道，科学在成为其先验的叙述中构成了自己——在这里，人们可能会想到笛卡尔的著名假设，即自然或某种"恶魔"并不以某种方式欺骗他的感官，这使他得以形成知识积累的经验主义。利奥塔在这里特别提到了彼尔·瓦莱里对笛卡尔"方法论"的幽默评价，认为它本质上是一部成长小说。利奥塔说让这一"游戏"变得更加奇怪和不平衡的是，科学虽然非常依赖于这样的叙事，但事实上并不认为叙事知识本身构成科学的"证据"（1979，24-25）。正如他先前所暗示的那样，科学"一直存在于……之外，并在与……的竞争和冲突中……叙事"（1979，7）；各种不"恰当"的科学知识叙事形式，被抛在科学之外，却又真实地存在于科学的基础之中；叙事知识是科学知识的外在构成，就像客观现实的策略是学术界漏洞百出的概念墙的外部构成一样。与此同时，哲学（无论是在人文学科还是在科学领域）不同于科学，因为尽管它也渴望普遍理解，但至少"知道"它的合法性贯穿于叙事和假设之中。哲学在其反极权主义中，将科学视为它可供参与的众多叙事中的一种。

我们在《后现代状态》一书中发现对思辨和实证科学与哲学的冲突性纠葛的揭示性分析，而这正是启蒙运动推动的学术制度化的一部分。我认为，这种冲突性的纠葛在今天已经加速导致了其无法完成的乌托邦——即大学的理想本质上是一种持续的困惑。也就是说，我们可以从利奥塔的分析中推断出，这两种认识与其说是对立的，不如说是有共同的基础——它们导致了利奥塔所说的"无尽的折磨"——一种概念上的不可能性（1979，29）。这是因为对某一方来说，他们内心的紧张永远无法解决，而两者都是出于对知识整体的相同追求，尽管从一开始就不一致；但更重要的是，在这种叙事和科学知识游戏的集合体中存在着一种不平等的关系——科学是对叙事的诋毁，而叙事则是对科学的封装——根据利奥塔的说法，这种关系导致了"自西方文明诞生以来的整个文化帝国主义的历史"（1979，27）。这是因为这种崇高的理想需要不断地将其内在的冲突投射到外在的事物（或某人）上。通过知识获取和技术创新而取得进步和解放的启蒙思想似乎从根本上与"黑暗"、对抗和排他性的传播相纠缠。尽管如此，它仍然无法摆脱，因为它是启蒙运动的组成部分。利奥塔说，大学从诞生之日起就具有强大的潜力，因为其具有普遍化和帝国主义的功能，通过不断压制科学和哲学的一致性和普遍性的愿望，将一个"民族"约束并赋予整个"公众"权力；这就是他们要承担的责任。

但是这种有约束力的理想同样会受制于它的结构性限制——或者，如果你愿意，可以把它归结为科学和哲学的政治合法性与共识。利奥塔说，这导致亚历山大·冯·洪堡将大学对真理和知识的实际或内在追求之间的想象边界的独立性和"纯粹性"概念化，而"外部公众"则被认为是"肮脏"的政治所在。通过这种方式，冯·洪堡似乎（至少在几个世纪内）可以通过著名的教化理想来"拯救"科学和哲学的合法性——大学是培养学生良好公民品质的地方，总是为自由、进步、理性、真理和解放服务（1979，32-34）。但是，这种对普遍唯理问题的"解决方案"当然从一开始就建立在不稳固的基础上。毕竟，正是在洪堡的大学理念及其在特定的国家制度形式中的具体化，我们才能够洞悉国家"高级"文化中某些理想的霸权和指导限制知识生产的"绝对"真理与当时的精英阶层（以及种族和性别）之间的关系。他们自然而然地获得了"理性"和"文明"的公民地位，而不是在殖民地内部和外部环境中所谓的更原始和非理性的群体。值得注意的是，利奥塔在这个阶段对大学内部的困境进行了追踪，与雅克·德里达在《杠杆：或学院之争》中所做的类似，他同样提到马丁·海德格尔1933年就任弗莱堡大学校长的讲话中谈到的一个典型和悲剧的时刻，这是普救论者试图通过将"人民"捆绑在一起来实现自我肯定的历史（利奥塔1979，37；德里达2004，4）。海德格尔所在的大学试图服务的"理性共同体"是一个典型的缩影，结果其完全充斥着法西斯主义自身"邪恶"的非理性。最近利奥塔在《黑色笔记本》的发现进一步证明了这一点。对基于启蒙思想的机构内部基本紧张关系的掩盖只能是反映社会暴力的破坏或排斥行为，而海德格尔最初对纳粹主义的忠诚的确是对这一点的痛苦提醒。但与此同时，我同意海德格尔事件也标志着欧洲学术界与其殖民地压迫的根本纠葛开始在国内展示其自身恶化表现的时刻：这种表现使它与现代性（以及今天的后现代性）技术的关系相一致。鉴于利奥塔和德里达对海德格尔的这种看法，我还想指出纳粹德国和法西斯主义总体上痴迷于技术创新、进步和超越。在第二次世界大战引起毁灭以及海德格尔对法西斯主义学术项目感到失望之后，他的哲学关注有趣而合乎逻辑地转向了"技术的追问"（正如他关于此主题最著名的文章标题一样），这与他关于控制论和"哲学终结"的论述密切相关。有关海德格尔思想的更多见解和局限性研究将在第二章展开。

如今，利奥塔和德里达当然提到了海德格尔事件阐明的大学内部结构性暴力的悲剧性流出，因为它直接揭露了由此带来的"无尽的折磨"构成典型启蒙运动制度的基本政治观点。因此，这种曲解是学术项目的内在属性；事实上，正是它的全面启迪和共同体项目的不可完成性推动着它，并使它继续"前进"。根据利奥塔的观点，这种根本的非理性存在于科学和叙事的"游戏"中，而当代学术界仍然是游戏中卓越的所在。也正是这个原因（试图抹去或清除其自身的非理性），推动了知识生产的日益形式化。这是因为科学和哲学通过"某些形式上的和不言自明的预设"（尽管他们试图将这些预设作为非法知识加以压制），在它们产生的真理周围找到了暂时的合法性（1979，39）。但是这种抑制总是困扰着科学和哲学，就像洪堡大学被其自身的精英主义和外部结构困扰一样。利奥塔称之为"去合法化和虚无主义的种子"（1979，38），在所谓的后现代转向后变得明显，引发他"宏大叙事"的可信度丧失的著名宣言（1979，37），因此已经成为这些叙事的内在属性。我们稍后将通过保罗·维利里奥的著作看到，学术研究的历史反过来向我们表明，那些似乎存在于客观性和合理性之中的工具、方法和技术，以及那些似乎"扩展"了人类观察者有限能力的工具、方法和技术，接着就成为范式机制。通过这一机制，科学不断尝试处理其不断增加的复杂层次，不断试图用一个空白填补一个空白。然而，这样的"叠加证明工具"将永远不能累积成一种普遍而连贯的"整体"知识，因为它们仍然永远不能"验证其自己的证明方式"。当然，这是由于通过技术形式化来处理这种持续的复杂性所付出的努力。在过去的几十年里，计算机在逻辑上（以其双重含义）进入了这场争论。即使同时，根据利奥塔的说法，它们进一步加剧了科学知识的"危机"（1979，39），因为通过逻辑的层层"证明"将再次引发越来越多围绕真理状态的猜测，即他们是"纯粹的形式"，或者像鲍德里亚所说的那样是"模拟"的。正是由于这种通过越来越复杂或"智能"的机器实现形式化的可疑作用，恰如我稍后将讨论的那样，维利里奥试图找到当代西方科学和哲学的非理性和暴力。特别是计算机和其他"启蒙工具"在掩盖这种非理性的同时也产生了更多的非理性。利奥塔声称，计算机日益增长的知识供给的便利性开始构成它自己主导的真理形式，在这种形式中，效率和最优化成为"好"知识的代名词（1979，44）。他说正是在科学知识生产历史的这一时刻，现在"购买仪器不是为了寻找真理，而是为了增强力量"，这导致了一种"理想主义和人文主义的合法性叙事"被抛弃的局面（1979，46）。

第三节　学术加速的强制乐观主义

综上所述，人们可能会发现利奥塔的著作是对当代新自由主义大学进行批判性评价的完美伴侣。虽然我几乎完全同意利奥塔卓越而富有远见的"知识报告"，但令人称奇的是，当计算机进入讨论的分析阶段，他开始通过权力与真理的明显脱钩，寻求对当前学术事务状况略微更具启示性的诠释。在随后的几页中，他建议特别是控制论机器允许"掌握现实"的方式，以及当传播到整个社会领域时有利于稳定输出的"情境控制"方式，使它成为资本主义制度"自我合法化"的完美机器（1979，47）。接下来，利奥塔似乎首先想要拯救哲学和科学，以及从最终只关注什么"适于销售"的邪恶的资本主义世界中寻求真理"（1979，51）。但他也继续辩称，这种理想的系统稳定性、可计算性和可预测性仅是一种非常引人注目的"虚构"，因为它将永远假定一个最终缺失的实证主义，而这种实证主义是其效率模型的基础（1979，55）。然后，该体系必然会引发新的悖论和紧张局势，这将导致新的投机行为。尤其是在当下，人们痴迷于通过"大数据"等方式预测未来，但也有可能回归哲学式探究。

奇怪的是，司坦厄斯也担心由于控制论而宣告哲学的死亡，实际上却赋予哲学新的生命，利奥塔的文章就是证明。事实上，利奥塔似乎就自己的启示分析做了一个小小的尝试。当他同样挑战"未来学"（正如他自己的一样），将其视为预测的尝试之一，最终仍不能解释学术事业的非理性方面（1979，55）。我猜想，正是出于这个原因，他在引言中奇怪地为自己的分析辩解说，他的分析具有"某种社会学倾向，一种截断但同时又使其相联系的倾向"（1979，xxv）。如果我们认真对待他文本中这一短暂的自我指涉的时刻，我们同样可以将《后现代状况》中的争论解读为它本身是我们后现代大学所引起的错误分裂的症状，即权力和知识之间虚构的分裂。相对于对真理的关注，其或许更注重市场性。以这种方式解读利奥塔，可以得出如下结论：利奥塔大力宣称的所谓宏大叙事的衰落可能只是知识社会的表面效应。在知识社会中，这些宏大叙事根本没有消失，而是升华或转化为技术辅助的效率和可预测性目标。因此，也许正是凭借这种方式（当然，我也在此推测），利奥塔在《后现代状况》中似乎最终被迫通过对控制论机制极其浮夸的控诉来表现对科学和哲学的乐观主义。正如我们将在第二章看到的那样，这一举动非常类似于海德格尔关于现代技术的论点——现代科技确实构成了当代大学的核心问题。这也意味着，尽管批判性人文学科因其"消极"或"无用"而受到指责，但它实际上为更佳品质的未来提供了希望，这对维持科学项目及其通过加速破坏和压迫技术产生的所有负面影响仍然是必不可少的。更重要的是，如果这样的阅读能够揭示乐观主义是利奥塔作品的驱动力，那么这必然意味着此书于新自由主义大学所撰写的几年时间里，在各种控制论工具的帮助下，其富有成效地处理校内的紧张关系，也围绕着这种乐观主义提出了上述分析。真理和解放的宏大叙事终究未被放弃；相反，在我们作为学者和社会人存在的日常生活里，这一叙事如今在非常压抑和使能的机制中几乎无处不在。我们发现自己越来越被令人窒息的社会和科学进步的"诅咒"包围，永远被迫赋予自己力量，不断在日益混乱的信息堆周围挖掘"真相"。全面知识的目标似乎比以往任何时候都离我们更近，但同时又似乎离我们越来越远。

雅克·德里达在《杠杆：或学院之争》中也提出了这样一种看法，即他惊呼："大学，多么棒的主意！我们并没有偏离大学历史上赋予我们的理想，但这些理想也正在被取代。这是一个相对较新的观念。我们还没有摆脱它，它已经被压缩到自己的档案中……"（1992，1）我在这里对德里达的观点作一个简短的讨论，以进一步阐明大学核心的困境，而他同时似乎敏锐地意识到"启明"这一问题（我的书也穿梭于这两者之间无法解决的紧张关系）。

标题中的希腊术语"mochlos"（μοχλός）翻译为"lever"或"keystone"，因此德里达通过标题已经巧妙地暗示，正如迪特里希也指出的那样，大学理念的核心显然存在"冲突"，这也构成了大学的核心机制。尽管如此，德里达的建议也立即消除了过去就其本身而论有关大学的功能或责任的浪漫主义或怀旧主义的陷阱。这是因为他强调，这种冲突，"破坏"或内部不一致（1992，7）总是以各种或多或少的暴力形式存在——经典教化理想的制度化就是其中之一——而像冯·洪堡这样的理想主义代表同时起到了掩盖大学本质不纯的作用。但德里达认为，这种混淆不会持久，因为大学同样具有普适的发展性或透明性；毕竟，它的追求仍然是让一切可知的事物为更大的利益服务。这意味着这种逻辑上的混淆在某个时候也必须被公之于众。因此，根据德里达的观点，大学寻求通过其不断揭示的功能来承担责任，并且在历史上通过伟大的启蒙概念，如"国家、君主、人民、知识、真理"等来履行这种责任（1992，4）。然而，关键的是，这些概念在今天通过各种学术人员和学生的反新自由主义能动论不断地被重新演绎和颂扬，本质上是对抽象或缺席的虚构接受者表示姿态。"真相"就像"人民"一样，毕竟只是一个想象或幻想的普遍规律，永远存在于某种未来或时空之外，而它的实现，正如我们在利奥塔身上看到的，以异质性、投射性和碎片化为特征。事实上，德里达说，在过去，或者在对过去的某种理想化的表述中，"人们至少可以假装知道自己在向谁讲话以及权力在哪里"（1992，3）。正是这种抽象构成了其乌托邦式的潜力，即持续的合法化危机，其实正如海德格尔对德国大学自我关注概念之所为，试图消除其项目效度的不确定性。这标志着一场危机的上升，而这场危机又完全被国家危机、形而上学和技术危机所掩盖（1992，4）。德里达在这方面的观点也呼应了利奥塔在《非人》中的分析，后者将科学和哲学的目标（或其原因）现状描述为"赤裸裸的"。它们被"粉饰成各种伪装：人的归宿、理性、启蒙、解放、幸福"。"越来越多的权力，是的——但是为什么，不是。"（1991，54）我同意，正是由于这个"为什么"的"赤裸裸"原因，即具有基础性和误导性的"为了知识而知识"这一虚假的怀旧口号，当代大学面临的巨大挑战再次在于它对这一责任的思考——而且永远无法回答这一责任是由什么构成。事实上，德里达从一开始就提出，一切都围绕着一个社区的责任问题。在这个社区中，既不能解释什么，也不能解释谁构成了这个社区的"我们"，甚至不能确定这个责任定位何处（1992，1）。我们将在第三章看到如奥特加·伊·加塞特在两次世界大战期间对西班牙大学的重新构想就错误地排除了这些问题。因此，在这部正在进行的皮影戏中，总是有一种更本初或"更年轻"的责任要承担，把唯一看似坚实的"旧"责任打乱了（1992，6）。这种责任根本无法贯穿于"一个纯粹的自我逻辑主体的决定"之中，他有意识地、蓄意做出"例行的细微调整和缺乏严谨性的日常妥协"，因为正是这样一个意向主体，仅仅是为了使自己成为该机构内的"幸存者"而对制度法则作出回应（1992，6）。德里达在这里明确提到了涉及的某种加速，他不仅斥责了生存主义的社会经济话语，还指责了学术活动家的想象力局限于如此肤浅的变化和必要的文字协议。"如此应对，如此高速运转，一个人没有任何责任：不为发生的事情负责，也不为继续毫无概念地承担责任的原因负责。"（1992，6）人们可以将此解读为对放缓速度和进行评估的某种呼吁，无论这种呼吁多么迫切；更具体地说，这是对持续过度生产的控诉——当然，人们可能会想到学术出版物和期刊的急剧增加，需要完成的大量审阅，导致全球会议和学术旅行的增加，以及对绩效指标的整体强调——从根本上与使之成为可能的新自由主义工艺和科技相纠葛。更重要的是，由于学术责任的这种难以应对的性质，并且由于它的基础存在于追求全面知识的理性和逻辑的虚构中，德里达暗示大学的"工厂"属性，其中知识的生产被视为"一个产业"（德里达在此引述伊曼努尔·康德的话），将导致过度量化，其中数字技术被引入来帮助理解和组织大量的新信息——所谓的数字人文学科就是一个恰当的例子。然而，这种量化变得极其不负责任，因为它越来越多地通过将所谓的大学自治授权给一个旨在关闭激进变革的控制论机制，从而加剧了所谓大学自治本质上的"戏剧性表现"（1992，3）。换言之，虽然学术能力和绩效的标准在过去只是看似独立的（通过同行评议等），但历史上其最终与民族国家的父权制和欧洲中心主义政治相融合，但这种政治及其评价标准现在几乎完全与全球加速和模拟技术相融合。德里达在这一点上再次呼应了利奥塔在《后现代状况》中对知识如何成为技术力量的产物方式的分析。他说，学术表现除了"戏剧性"外，还包括"技术系统的产出，一个不再区分知识和权力的地方"（1992，12）。因此，正是"知识的发布"或思想的交流和传播发现自己处于"双重束缚，一种需求……内在地与自身相冲突"，因为沟通越多最终意味着更少的交流（1992，12）。我将以德里达和利奥塔关于当前大学与控制论工具相结合的分析作为本书其余部分的中心起点，在维利里奥对日益复杂的"视觉机器"作为通向最终失明的道路的控诉中，讨论这种矛盾的回归方式。就目前而言，我从德里达那里得到的结论是，最终对普遍客观性的追求是大学的标志，它与所谓的"客观"的形式化和量化技术产生了这样的纠缠。因此，自相矛盾的是，围绕自主性和独立客观性的争论却导致它滑向了不负责任的合理化和量化。正如海德格尔试图以一种极其有问题的方式寻求学术项目的稳定。如果情况确实如此，我们很可能会发现，伴随着大学校内外的这种合理化和量化，它确实参与或并行于一种新的"法西斯主义"。

德里达富有洞察力的评估警告说，学术激进主义仅仅建立在过于迅速地放弃通常的学术口号和概念——民主、真理、知识——以进行细微的内部调整，最终使大学免受新自由主义剥夺公民权利的冲击。如果以齐林斯基和迪特里希提议的方式回到象牙塔，虽然看似令人同情，但这样做的风险是仅仅确保"幸福的（或者可能不那么幸福的）少数人"在象牙塔内生存，而真正的责任风险最终在于肯定所有人的生活不仅仅意味着是在妥协的新自由主义政权下生存。利奥塔在《非人》一书中同样向一个名副其实的学术项目上的超越做出了和解姿态。矛盾的是，如果他们这样做，学术界和知识分子不可能简单地"抵制当今时间的支配性利用"。"他们不仅注定要消失，而且他们……有助于制造隔离他们自己的警戒线。在这条警戒线的掩护下，他们的毁灭理应可以推迟一段时间。但是，他们通过改变他们的思维和写作方式来'购买'这种短暂而徒劳的延迟，以使他们的作品或多或少变得可传播和可交换；一言以蔽之，可商业化。但这种交换，即思想和文字的买卖，并没有违背问题的'最终解决方案'：如何写作，如何思考？"（1991，76）

因此，利奥塔告诫人们不要陷入一种"全面动员"——一个在历史上与欧洲军事化和法西斯主义分析相关联的术语，一个在维里利奥的著作中也有所体现的思想——即知识的生产，尤其是通信、运输和传播等新技术使其非常适合于知识的生产（1991，76）。毕竟，这些技术也是当今许多人类苦难的核心，从把穷人排斥在社会之外到持续不断的难民灾难。根据利奥塔和德里达的观点，我的结论是，与其把自己局限在积极学者的圈子里，不如说如果要承担任何"年轻"的责任，就需要重新团结那些"外部"被边缘化的人，以及在大学内部破碎的逻辑之外想象着一个共同的未来。尽管如此，据德里达自己承认，这类请求或问题仍然是"完全康德式的"，因为它再次分享了这样一种假设，即建立一个由志同道合的人组成的社区——大学——甚至是可能或可取的（1992，6）。因此，利奥塔和德里达似乎都不得不继续执行康德的乐观主义计划。然而，正是由于这种乐观主义的负面影响，以及这种强制给予某些人（而不是其他人）的特定自由，培育或假定这样一个社区也许是不可能，也是不可取的。更有甚者，也许甚至不应该是大学本身——但这到底是什么？幸免于如此彻底的质疑，并将其重新塑造成一个更具原创性责任的企业。那么大学在哪里？除了像沃德和科里尼这样的人宣称的"缓慢"外，写作或批判性反思在其中的作用又是什么呢？在本章的最后一节，让我通过两位以所谓"消极"和"虚无主义"而闻名的哲学家（实际上表达了比利奥塔或德里达更为激进的希望"出路"）来深化这个问题：维利里奥和鲍德里亚。

第四节　对完整知识的探索：可见性、透明度与技术

在德里达和利奥塔的分析中，我们看到对大学疑难逻辑分析揭露的出现是对目的论叙述的解毒良方。目的论要么陷入对过去的怀旧（第三章对此有更多的论述），要么是对未来可能性的浪漫主义演绎，以及某种新生的意识。不管此意识是多么含蓄，如何在他们自己的作品中通过我所说的关于思想的产生和传播的"强制性乐观主义"来再现这种逻辑。此外，我认为利奥塔和德里达提出的启发性分析，与当代大学成为其自身"因为破坏性而产生生产力"的启蒙逻辑的目标方式相平行，因为这种破坏性的启蒙逻辑是通过量化和加速数字技术的特性而展现为一种对至高无上和全面性的透明度与启发性仍存质疑的乐观追求。必须指出的是，德里达事实上相当明确地谈到本质上非理性的"信仰"（1992，7）或信仰的飞跃。这是他的问题提出所必需的，也是哲学保持其根本潜力的必要条件。毕竟，只有这种非理性才能永远对抗当代理性化和量化的暴力。因此，德里达在《从世界主义的观点看哲学的权利》中重申，"在这方面，他仍然是康德式自由主义"，即使只是为了重申和更新人文主义事业的精神。但他也很快确认了康德传统的局限性，这也激发了冯·洪堡精英主义和民族主义的大学理想。在同一篇文章中，德里达主张自己的标题为"透明地影射康德的一篇著名短文的标题"（2002，3），反过来质疑沟通的透明性和这一理想自我同一性传播的问题。这里的双关语包括这样一个事实，即只有当人们认识到这个欧洲传统时，这种对康德的暗示才是透明的；因此，这一传统的欧洲中心主义恰恰也是德里达在"哲学的权利"中的目标。虽然德里达在这篇文章中承认权利这一概念（联合国教科文组织也阐释过）和对这种权利提出疑问的权利历来是在特定领域的特定地方提出的，但他也认为其传播和接收并不一定或直接复制欧洲中心主义的立场。这是因为任何传播都将构成去其本己的要素。德里达因此认为，反欧洲中心主义和欧洲中心主义都是"殖民主义和传教士文化的症状"，因此，简单地将两者对立起来在哲学上并没有多大成效或可靠性——尤其是如果某人想为所有人开放哲学的权利（2002，11）。鉴于这种复杂性，德里达恰当地提出存在着与当代"技术经济，实际上是科学军事的迫切需要"相互纠结的某种"新的利害关系"，这反过来又带来了某种占据主导地位的哲学（量化、实证主义），以及从其基础信念开始重新思考哲学传统的紧迫责任或机会（2002，14-15）。

这意味着，对新控制论技术与双重生产力的近乎完全融合的分析，以及对大学社区的"客观"管理评估，使我们能够将当前大学的核心问题定位于其基本的思想、道德，以及所有这些工具在当代大学教学、研究和管理各个层面的实用功能。德里达和利奥塔所揭示的透

明性和针对性的主题和逻辑，以及那些无法思考的事物被转移到当前加速技术中的方式，结果把我们带到了保罗·维利里奥的神秘作品中。在对其作品的粗浅解读中，他经常被错误地描述为一个纯粹的危言耸听者。自从他广泛参与著书和建筑技术，而不是通过更富诗意地使用工具来改写一些基础信仰——维利里奥的立场可以最好地概括为这样一个人，他从现象学的角度思考将速度和光的技术近乎宗教化地推进到生活的所有领域所带来的影响和意外（可能是灾难性的，也可能是偶然的）。维利里奥特别阐明这些双刃效应对人类经验和认知的影响，以及与伦理行为的可能性有关联。维利里奥展示了过去三个世纪中现代技术在军事上的应用所造成的暴力，并在接受詹姆斯·德·德里安采访时宣称，"战争是我的大学；一切都由此而来"（2009，64）。维利里奥思想的核心是以一种新的方式来欣赏所谓的偶然效应，这实际上对任何技术的运行都是必不可少的。这意味着数字军事计算技术（或控制论）在增加其控制和预测能力的同时，也增加了不可估量的灾难性影响的倾向。正如我建议的那样，批判理论的启示往往也存在于作品的修辞层面。维利里奥的散文通过迅速串联精彩的观察评论和历史轶事（有时其至是全大写）的方式令人眼花缭乱和困惑不解。这可以被理解为不仅模仿发展迅猛的现代军事技术，而且模仿现代大众和新媒体在宗教出错时的无情节奏和令人震惊的景象。尽管维利里奥从未明确地将大学描述为一所完全沉浸在接二连三宏大目标逻辑中的现代机构，但我认为，他关于"感知逻辑"方面的著作非常有助于理解如今大学本质上是由自身的偶然性构成。在此情况下，一个关键点是人们被迫以越来越快的速度炮制论文和著作，以及正如我在本章开头描述的那样，教职员工和学生非常容易发现自己成为一个缺乏人与人之间伦理影响的技术官僚机构的目标，并导致大量"附带损害"。因此，尽管他的书《灾难大学》没有公开告诉我们关于现代大学的情况，也没有告诉我们关于每天如何阅读的任何事项或更多特殊的技术灾难，它们的意义远远超出了我们的技术预期或计算的意义，但书名却戏谑地暗示，随着自体免疫失调的加剧，实际的现代大学是一个极其无法控制其自身不断增长的灾难性或负面的机构。我建议我们可以通过维利里奥的《视觉机器》来解读大学的两面性，正如这本书的标题，以及关于数字技术对思维和感知影响的分析，提供了一个关于技术"启明"推动大学过去和现在向前发展的中心思想的绝佳寓言。此外，我认为现代大学作为一台（润滑良好的）"视觉机器"的寓言（或自满），多年来已经变得不仅仅是一则寓言；相反，"视觉机器"这一术语中傲慢的全知工具试图取代无所不知但又神秘莫测的上帝——以及这些工具在今天所带来的所有形式的压制——也说明了其目前存在缺陷功能的一个关键方面。这是因为正如我之前讨论的，机械技术，尤其是数字技术，在很大程度上融入了大学的概念和功能领域——这种结合也愈发影响社会的大多数方面（例如，通过所谓的社交媒体）。正如我之前通过德里达和利奥塔所讨论的那样，大学的人文主义理想在过去一直保持着生产力和准稳定性，这恰恰是因为其核心的困境不断地被掩盖或投射在它自身之外，所以今天大学的技术组织确实成为一个内部矛盾激烈、逻辑隐秘的组织。这是因为它的加速通过无意中揭示其内在逻辑，使它作为外部的虚假投射变得越来越脆弱。所以它的妄想游戏越来越难以跟上；冯·洪堡设法通过学术客观性和中立性的错误观念暂时避免自体免疫疾病，如今已获得充分的力量。这在今天是如此地严重，以至于仍然相信它的基本解放和进步功能有时显得非常古怪和迷惑，即使其员工和学生一直强制执行这一信念，直到精疲力竭和（可悲的）自责的地步。但与许多错误的个人主义障碍一样，对严重的倦怠和自责的诊断实际上指向了一个大学项目的结构性衰竭，它正处于一种直接反映新自由资本主义结构性危机的疾病的混乱之中。

请允许我简要地回顾维利里奥在《视觉机器》一书中的论点，并从他对感知技术的分析中推断出现代大学如今这种结构上的自体免疫。顺便说一句，我理解的"视觉"一词包括所有形式的知识收集，即科学和哲学中一切理性和经验的"观察"和"理解"形式。我认为，视觉的这种扩展尤其可以实现，因为自启蒙运动以来，视觉在历史上一直被假定是优越的感觉（或者实际上是能力，作为同义词，它出色地将人类感觉的概念与学术机构中多重能力的概念联系起来），因为它与透明和非中介地进入现实或社会的理想相关联。有趣的是，我们当然可以在"视觉"的概念中看出大学项目的信仰源自全面的理解和卓越的知识，因为基督教和伊斯兰教的上帝主题是万能和光芒四射的，这从一开始就奠定了对非中介访问的信仰（我早些时候在笛卡尔的《信仰的飞跃》中提到过）。因此，对维利里奥来说，正如德里达所言，寻求忠于一种更"原始的基督教责任"，通过各种视觉技术迫使启明的理想转化为机械的物质化，这无异于是对我们现象学条件的腐蚀或亵渎。因此，这种强制机械化无视甚至试图清除宗教经验和行为中不可知或神秘的方面，以及道德关系中的必要情境性。除了含蓄地表达他的论点，即这种机械论的伦理影响是由这种基督教情感产生的（我们应该记得维利里奥一直致力于帮助法国的下层阶级），维利里奥在《视觉机器》第一章中的论证显然是基于亨利·柏格森关于意识和知觉持续时间的基本必要性的哲学。对维利里奥来说，感觉的时间元素意味着"速度因此先入为主地成为因果概念"，这表明感知的技术加速必然会影响那些仍旧能够并且越发不能被思考的事物；简而言之，这开始根植并限制所有知识（1994，3）。对维利里奥来说，这种感知的加速也已经出现在诸如望远镜和显微镜等技术中，它们试图描绘出人类直接感知之外的现实，导致视觉与人体的时间和空间分离。因此，这种早期的视觉机器重新映射了身体与其周围环境之间的关系，从而使任何所见都变得标准化，并且与某些被剥夺了权利的群体和个人的物理介质相脱离——因而也就可以普遍化（1994，7）。正是在出现第一台视觉机器的历史阶段，维利里奥确定了"感知物流"的出现：一种"壮观的"宣传形式，起初被天主教会使用，但也很大程度上被军事机构使用，反过来导致殖民化和劳动力剥削（1994，5）。这种宣传功能之所以成为可能，不仅是因为当地和殖民非精英阶层的标准化和由此产生的能动性丧失，也是因为视觉和身体之间的脱节以及对持续时间的忽略导致了记忆的持续丧失、精神形象的多样性，进而导致了想象力的普遍消退（1994，12）。我认为，这一论点与冯·洪堡关于大学如何抑制校园之外普通民众的想象力有关。无论是在当地还是在海外殖民地，通过把他们渲染成为"肮脏"和"无知"的政治场所，按照传统的"批判"学术范式，民众仍然需要启蒙和解放。维利里奥转而将一种特殊的加速度定位在最近的历史时刻。早期的视觉机器（其主要成分是"光速"）转变为早期的数字技术，也使用"光速"或电子或光纤生成的模拟和人工图像。这种更为现代的加速，即"在人群控制中使用光刺激"，反过来导致了他所说的"一种早熟的残疾，一种失明"（1994，9）。今天，我们在他所谓的"零度表征"中找到了自我。在这种"零度表征"中，数字技术似乎通过绝对模糊或脱离我们的现实生活来表征"现实"，而现实生活只有通过我们的具体化和基于持续时间的想象才能获得意义。正是在这里，我们也可以把利奥塔关于"宏大叙事的终结"的主张加以定位，即事实上除了占主导地位的技术客观性的"自动化"意识形态之外，缺乏想象力和记忆力使得所有意识形态都变得毫无意义或相对化的时刻（1994，17）。

与利奥塔一样，维利里奥在《视觉机器》第二章也提出，艺术（或叙事）与科学之间存在着辩证关系，两者都有某种相互作用，只要它们预先假定了"原始无知"的基本背景和研究的不可知或神秘性。同样，由于"对人眼来说，本质难以看见"，所以"既然一切都是幻觉，那么科学理论就像艺术一样，只不过是操纵幻觉的一种方式"（1994，23）。当科学研究或哲学探究通过近乎完美的视觉机械化或"现实"的完全客观性而陷入知识的总和时，艺术和科学之间的这种辩证关系就会受到侵蚀，甚至变得近乎不可能。随着这种正在进行的"被观察的事物以及观察者的非人格化"，我们因此进入了维利里奥声称的图像的"悖论逻辑"时代。在这个时代中，近乎全面的启示虽然表现为一种民主化，但实际上标志着所有彻底多样性中公众代表性的终结（1994，30，63）。维利里奥在第三章中进一步阐述了这一悖论逻辑的作用，他指出"全知全能，西欧的极权主义野心，在这里可能表现为通过抑制无形之物而形成的整体形象"（1994，33）。现在的一切和每个人都必须经受这一启迪的暴力，再没有什么是神圣的了。有趣的是，维利里奥暗示，像雅克·拉康、米歇尔·福柯和罗兰·巴特这样的著名哲学家都承认，内心的恐惧或惊悸与他们"痴迷于未言明的、与极权主义寻求澄清的欲望密切关联"（1994，34）。维利里奥将新媒体技术通过虚假宣传的进步来灌输恐怖的倾向称为现代社会的"美杜莎综合征"。这种综合征最初于19世纪在下层阶级和殖民地人民身上爆发，现在在它最初被概念化的地方——学术界得到了回应（1994，42）。因此，根据维利里奥的说法，我们今天生活的大学围墙内外都是"更无情的革命恐怖之光的技术成果"（1994，44）。我认为，我们确实注意到学术界在资本主义生产力不断发展中扮演的角色，以及通过新的"透明暴政"带来的希望和恐惧这对孪生伙伴之间的基本关系。大学通过新媒体技术的新自由主义化使其员工（当然还有当代社会的许多其他群体）承受这种恐惧，而这种表现理智乐观主义和希望的冲动不断地起着掩盖这种恐惧的作用。这也是为了再次强调，解决这种情况的任何办法都不能也不应该在于"保护"或阻止大学的运作不受新自由化的冲击，因为这不仅会暂时保护知识阶层免受这种经济逻辑的影响，还会忽视大学一直参与加速这种冲击的方式。这种冲击首先是通过他们的"全面启明"（通过人口普查、统计社会科学，以及最后与无处不在的电子数据库和预测算法挂钩）对被剥夺的阶级发动的。同样，按照齐林斯基和迪特里希的提议，只为大学内部的人保护某种"基础研究和量化的自由"将是非常不真诚的，也是对那些长期遭受剥夺的群体的不忠。

维利里奥这本书倒数第二章，其标题为"视觉机器"，似乎现在标志着其分析的症结所在，涉及我们当前时代的科学和哲学研究的状态，这个时代充斥着各种视觉识别技术。这一章还向读者呈现了一种明显的风格变化：前几章更多的是经典的描述风格，而第五章则包含了更多准结论性陈述的速射效应。我认为这对于今天模仿"感知物流"的风格非常重要。在这种风格中，读者、研究者或旁观者受到科技宣传的"轰炸"，但同时也是一种试图通过重新发挥现代写作技术的诗意元素来寻求放弃哲学推理主导模式的风格。虽然人们可能会想当然地认为维利里奥仍然遵循与"现实"平行的理论表征逻辑，尤其是通过他对假定的人类情感和道德本质的现象学描述，但第五章仍有争议地涉及一种更具思辨性的诗学。我阅读维利里奥这本书的第五章，以此说明任何类型的知识必需的尚不可知的一面如何在现代科学和哲学的假设、概念和公理中回归。正因如此，尽管（并且由于）它的极权主义和无所不知的野心，大学项目的自体免疫仍彰显了自我。因此，我认为维利里奥展示了希望和绝望——就像控制和意外，以及可见和不可见——是如何从根本上彼此内在的。也许是因为维利里奥的作品反映了我们自己的恐惧，所以对一些人来说，它们是令人不快的文本；但我认为，它们的主要用途恰恰是因为其在很大程度上摒弃了"强制乐观主义"，而这正是当今许多学术著作所苦恼的。因此，寻求甚至傲慢地宣称完全理解和可见性的大学研究，尤其是通过"视觉机器"将这些科学从其观念和宗教基础中脱钩，必然沦为深刻的科学和道德盲点的牺牲品。因此，对维利里奥而言，数字技术创造了一种"失明的视觉"。在这种视觉中，过度切断受试者的记忆能力反过来又会在现代社会中造成对"预见"或通过计算机量化进行预测的困扰（1994，61）。正是这样的"先见之明"试图关闭未知事物在不久的将来回归的可能性，同时矛盾地也产生了更多的不可知性。维利里奥的假设是一个有争议的例子，即经由爱因斯坦的相对论将牛顿物理学转变为量子物理学，从而实现不可知的方面发生回归或蜕变。在这本关于社会科学自体免疫的书中，我把这个例子作为我自己一些案例的前导。简而言之，维利里奥指出，爱因斯坦的相对论思想正是在视觉机器和虚拟映像的军国主义扩散产生了对真实状态的欺骗和困惑的时刻出现的，因此可以被精确地确认为解构科学本身的一个独特时刻。在这一时刻，正如量子理论同样承认的那样，不可能确切地说明观察到的变化、模式或能量是"观察到的能量还是观察能量"，而这个难题只会随着科学的"进步"而变得更加深刻（1994，73）。关于这个难题，我同意维利里奥的观点，因此表明了这样一个事实，即主体和客体始终存在于一种辩证关系中。在这种关系中，客体最终包含了大量的能动性、意图和欺骗，笛卡尔等思想家试图通过一种不会扰乱感官的上帝概念来消除这种现象。物理学试图通过知识积累来消除不确定性，而知识积累既遵循并产生其基本理论，因此最终只会加剧不确定性。因此，"感知的自动化正威胁着我们的理解"，作为这种威胁背后的极权主义追求的附属品，这种自动化也带来了日益明显的歧视性影响（1994，75）。另一方面，鲍德里亚在其著作中使用的"不确定性原理"正是这种逻辑。我打算在本书中说明这一原理——当代大学中自体免疫的恶化可以理解为视觉机器的寓言和功能描述——如何在各种教学、管理和理论活动中回归，甚至在东西方或许看似不同的制度实例的积极理想中回归。

由于数字技术的模糊逻辑依赖于对所有有意义体验中必然不可知方面的压制，根据维利里奥的说法，这种分离仍然可以通过挖掘其军国主义、启蒙主义和基督教的基础而受到挑战。正如我较早前提到的，这亦暗示亵渎或腐败从一开始就存在于大学项目中。这反过来意味着，任何理性和经验分析技术的模糊功能都是其本身所谓的"客观"主张的构成部分。人们可能会再次怀疑维利里奥在多大程度上是在玩弄我们。例如，鲍德里亚也倾向于通过提供所有感知技术的客观历史"阶段"和"描述"，从而最终狡猾地呈现学术写作和教学。视觉机器，以及它近乎完美的体现机制，也许最终是一个智力骗局，旨在把这种围绕其真相地位的不可判定性强加给我们读者？不管怎样，维利里奥的批判性分析试图揭示当代技术的"黑暗"方面及其对思想的影响,并试图挖掘其先例。他仍然坚定地站在基督教和启蒙运动的项目上,即使另一只脚在有意义的学术分析和论证的边界上发挥作用。这是一个历史性的发现,维利里奥的所有书籍都无情地向我们展示,并且提供了一个与鲍德里亚写作略有不同的策略(即使他们的概念前提大同小异),这是对该项目的嘲讽。因此,我认为鲍德里亚为维利里奥仍然明显严肃和道德说教的描述提供了必要的补充,因为前者已经放弃了传统的批判性分析领域,转而支持现实是基本幻觉的思想。相对于幻觉,现实可以设定自己充满想象力和怪诞的幻想。对鲍德里亚来说,科学(以及批判理论)的结构性盲点在于这样一个事实,例如,社会研究确实构成了一个从一开始就是模拟的对象(如"社会")。换句话说,鲍德里亚的工作有助于我们把维利里奥不可知论推向其逻辑结论。所有的现代媒体,通过突出他们自己日益的普遍性来渲染透明的"社会",然后最终所做的都证明所有的表象实际上都是捏造的。因此,鲍德里亚在《完美的罪行》一书中提出,一旦人们从根本上认为思想(或概念、理论、抽象)的作用不再需要准确性、客观性或现实性——它迫使世界充满进步意识形态的乐观主义,那么,艺术与科学之间的辩证法总是有可能重新发挥作用。这种更为"激进"的思想不再假设自己与世界相同,并放弃了目的论的启蒙计划,转而支持鲍德里亚所称的"致命战略"(2004,104)。正是基于这个原因,即思想最终会绕回到单一和辩证的(而不是代表性的)结论,鲍德里亚在《完美的罪行》中感叹道:"思想家们,再努力一次!"(2004,97)这对于我今天关于大学的分析可能意味着什么,我现在将本着鲍德里亚神秘挑衅的精神,把它留到第五章。在接下来的章节中,我认为维利里奥让我们可以关注学术界"外部"的不道德待遇,即透明的军国主义政治,而鲍德里亚让我们可以挑战学术界"内部"的妄想,即学术界通过其科学和理论传统对普世主义的不当主张。

通过这四位杰出的批判人文主义者,我们已经在探究构成当代大学核心的紧张局势和问题上取得了长足的进步——这个问题远远超出了对其新自由主义唯一罪恶的简单化控诉。目前而言,我想总结说,当前的大学及其新形式的暴力是"过时的"外流——因为人文主义理想和目标的沆瀣一气,其内部的紧张和矛盾已被新自由资本主义及其感知和加速机制侵占和加速。这一事态包括本书从现在起暂时称为"速度精英主义"的概念。该术语通过各种自我瞄准的"视觉机器"用来表示上述讨论的欧洲中心主义的强化和取代。因此,速度精英主义和视觉机器的概念将被用作调动本书激进视角的简约表达。这本书本身也关注一个更"原创的责任",勾勒出当代大学出现的近乎盲目、道德上和逻辑上相互矛盾的研究主张和教学模式。大学的研究和教学已经成为其理想化的视觉机器的牺牲品。当然,大学随后的每一个时代，在每一个不同的地理和经济背景下，都必然会以其独特的历史和背景特有的方式来体现这种不公正。然而，本书声称，尤其是在如今新自由主义主导的西方世界，在高度发达的南美洲，以及在后殖民时代的东南亚，它将在第二、三、四章中选取实际研究和教学为具体案例。大学的问题确实包括通过与计算、视觉和预测技术的融合来加速其未完成的理想。这也是说，现在再把亚洲高等教育的发展看作是当今普遍存在的欧洲中心主义加速版本的必然对立或颠覆已经没有意义了。相反，正如本书将在接下来的三章中展示的，速度精英主义也篡夺或改变了西方和亚洲之间的所谓差异。但本书最终也将展示一种看似矛盾的乐观主义，即一所大学成为自身致命力量的牺牲品，将标志着整个全球社会向一个完全不同的未来敞开大门。在这种情况下，完全透明的理想化和实例化将被视为最严重、但最终被误导的终极目标之一，多个世纪以来受到诸多国家众多追随者的追逐。毕竟，既然这本书忠实地追求当代大学最终呈现的透明度，那么谁能说得清书中关于加速视觉机器、整个社会和大学之间的对等关系并非在于本身的主张——用维利里奥的话来说——是否参与了"被观察模式"和"观察模式"之间混淆的致命恶化？

第二章　普遍化的胁迫性邀请

第一节　思想的承诺：追求教育普及

正如我在第一章所说，当代大学的核心问题并不在于它对新自由主义全球化毋庸置疑的残酷逻辑的沉浸，而在于它的创始理念在技术加速的沧桑巨变中既促进其变迁，也被其取代。因此，当代大学的难题在于对民主、透明、解放和知识等启蒙理想的追求导致了其自身内在矛盾的加剧。这导致了我暂时称为"速度精英主义"的情况，在这种情况下，某些欧洲中心主义和男权主义的理想已经被取代为加速的工具。顺理成章，这一核心问题暴露出来的方式在以前的殖民权力中心与最初处于这种权力边缘的地区、团体和国家之间有所不同。在本章中，我提出"自体免疫视觉机器"的传播是大学理想被取代的顶峰，它表现为接受高等教育的方式。问题在于无论是对那些居住在前殖民地的人，还是那些以前缺乏阶级资格的人，或将通过数字和网络工具，皆以一种真正的解放和赋权的形式出现。在本章中，我认为这种普及实际上构成了一种新颖的形式，将越来越多的受试者作为目标，让他们服从于日益暴力的全球技术官僚统治。按照维利里奥、德里达和利奥塔在前一章中通过讨论马丁·海德格尔的一些著作中的内在矛盾而提出的思路，这样的服从至少在最初看来是对世界上激进思想和替代形式的严重限制。然而，如果我们牢记这种对控制论统治系统的控诉本身是对大学项目"强制乐观主义"的回应，我们最终可能会开始理解人文主义理想的加速传播本身可能会导致各种意想不到的结果。为了说明和追溯上述问题，第二章首先阐述对以学生为中心或"自下而上的学习"的各种呼吁。文章首先指出这一呼吁出现在南美著名哲学家保罗·弗莱雷的著作中，声称他颇有影响力的《被压迫者教育学》实际上标志着冷战时期人文主义困境的控制论加速。这一章将进而深入探讨新的数字技术对课堂和远程学习（或网络化学习）的承诺。例如，通过在线严肃游戏和大肆宣传的大型开放式网络课程（MOOCs）来效仿弗莱雷充满希望的呼吁，通过增加课堂内外的在线参与为边缘化的公民赋权并带来解放。最后，本章将呈现我曾经任教的一所亚洲大学中关于新教学方法和工具的难题和紧张局势。我过去常常于此通过动员来教学，同时揭示海德格尔作品的用途和局限性。因此，本章仍然倾向于间接地强调并"破解"学术透明度的逻辑，以鲍德里亚主义的方式押注于这一有希望的可能性，即这最终将使其受制于自身的命运，即使这样的结果无法事先知道。

保罗·弗莱雷的主要著作自 20 世纪 60 年代末首次出版及随后的英文译本问世以来，在北美各高等院校广受欢迎。截至 2014 年，《被压迫者教育学》销量已达 100 多万册。弗莱雷在书中提出了一些颇有见地的观点，例如，教育如何往往忽视知识生产核心的本质不可知性，以及政治左翼和右翼派别又是如何因"缺乏质疑"而痛苦（1971，18）。他以真正的马克思主义方式提出激进主义需要受到批判性思维的启发，但许多占主导地位的知识分子，如果他们继续制订教学计划或构想解决贫困的办法——例如，通过金融慈善的形式——本质上常常在不知不觉中重现阶级利益并复制利己主义（1971，21）。至关重要的是，弗莱雷将主流学术理论融入知识分子"为了更好地了解民众，以致更有效地支配他们"的方式中，从而巧妙地勾勒出看似批判的理论实际上是如何让民众变得透明（1971，101）。弗莱雷反过来同情地呼吁将被压迫者的声音纳入课堂教学，因此，通过结合不太可能的学生和明确涉及文化和社会权利剥夺的主题，将学术界"外部"的"肮脏"政治带入大学围墙，从而部分颠覆了冯·洪堡概述的大学精英主义。然而，在弗莱雷的尝试中，我们也能立即分辨出一种乐观的理性化，即把"人"置于一种新的普遍共同体中，从而在本质上仍然受惠于康德的计划，就像德里达承认的那样。此外，人们可以指责弗莱雷自己的教学方案可能也是在新的社会经济条件下重新对大众进行思考的某种新兴方式的一部分。在此情况下，发出声音的必要性和其他形式的媒介交流成为殖民和压迫的新逻辑。我认为，他自己的思想仍然无视它是如何与社会统治向全球新自由主义逻辑的转变联系在一起的，尤其是在各种虚假的对立中，通过自信而急迫的风格和语气，以及弗莱雷对这些"被压迫"人民表现出的令人惊讶而隐晦的屈尊语气表现出来。

在第一章中，这种隐秘的优越感已经变得显而易见，第二章概述了一种新的教育学理论。虽然本章表面上试图反对把贫农群体看成懒惰、无能和毫无教养的刻板印象，但它毫不含糊地坚持认为，例如，为了解放自己，被压迫者"必须认识到压迫的现实"（1971，25），他们应该"为一个新人的出现而解放自己"（1971，33），我认为这可以说是新生的速度精英主义的新主题。为了实现对自己的重新概念化，他们"必须把自己视为从事本体论和历史使命的人，以变得更为全面"（1971，41）——一种因此提振自我意识的人，而这种努力正是人文主义观所珍视的。因此，教师指导者的作用只是帮助他们把自己的处境当作一种压迫，因为根据弗莱雷的说法，"被压迫者淹没在现实中，无法感知"他们的真实处境（1971，38）。毕竟，如果没有导师的角色，"他们几乎永远不会意识到自己也'知晓世事'"（1971，39）。因此，弗莱雷将被压迫者的无能和懒惰的刻板印象与他们并非如此的主张并列在一起，从而无意中证明活动、自给自足和文化显然更有价值。在同一章中，他还驳斥了农民的"宿命论态度"（1971，37），声称这种宿命论仅仅是由于他们觉得无法控制自己的命运，因此，在西方人看来，一种可能截然不同的世界观（不包括对完全控制的追求）是如何被视为"宿命论"的，——关于这一点，我将在第四章中详细讨论。此外，弗莱雷显然同情地呼吁"被压迫者"的"独立"，这不仅使他们的努力同质化，而且诡异地契合典型的新自由主义关于自给自足的论述。正如我在第一章中提出的那样，将被压迫者纳入这一新兴的全球统治体系，贯穿着对一个毋庸置疑的"现实"的假设。理论和实践必须对这个"现实"作出反应，而不是用想象来反制。这种想象从定义上讲与客观现实本身的概念是不可调和的。正是出于这个原因，我建议鲍德里亚在《完美的罪行》中大声疾呼："在这些慈善意图的背后，是一种深深的蔑视……最重要的是，它把人们的希望仅仅寄托在他们存在的可见证据上：通过把道德圣人般的现实主义归咎于他们，人们会认为他们天真和幼稚。"（1996，95）

弗莱雷也声称在他自己的教学努力中坚持的新教师—指导者这一看似谦逊的立场，在本书的第二章中通过反对传统教育的形式而构建起来，而传统教育有时是一种讽刺。我认为，弗莱雷在他所诋毁的所谓"银行教育概念"（1971，47）与他的"自由教育学"及其"提问式教育"形式（1971，54）之间描绘的对立是误导和错误的，因为任何教育环境都隐含着等级结构，因此否认这种结构的存在是极其不诚实的。在本章后面，一个很有启发性的例子将出现在与一个学生讨论的小节选中。在这个节选里，农民学生提出了一个关于世界如何只存在于人类想象中的答案。该"证据"实际上包含了一个隐藏的引导问题，因此，一种微妙的灌输形式作为学生的真实知识而存在。我认为这位看似温顺，却又直言不讳、积极主动的学生是新生的全球速度精英主义的典型标志。在这种精英主义中，农民或学生表面上的个人超越实际上意味着共谋的深化，这种共谋现在变得更加复杂，更难被视为一种新的压迫或封装形式。在第四章中，弗莱雷赞扬了沟通和对话的技巧，并认为这些技巧并无等级制度或其自身的压迫性逻辑，这一点也体现了他所谓的发声和表达的优越性。例如，他不断强调"正确的方法是对话"（1971，42）或在该书的第三章中这样强调："对话因此是存在的必然"（1971，61）。弗莱雷重复了我在第一章中分析的大学内外之间有疑问的二分法。他还声称，"真正的思考是关注现实的思考，不是在象牙塔中孤立发生的，而是在交流中发生的"，从而再次将大学无法完成的梦想转移到新的交流技术中。弗莱雷确实表现出一种交流的冲动，让边缘人成为积极的说话主体，以便他们可以向世界揭示其真实的意图或自我。当他声称通过这种新的教学方法，"被压迫者揭示了压迫的世界，并通过实践致力于它的转变"以及"永久解放的过程"（1971，31）时，这一揭示作为实现其透明之路的核心逻辑尤为明显。我认为，尤其是在他迫切呼吁揭露和准确陈述农民的真实性时，我们发现了全球向速度精英主义秩序转变的一个主要征兆。这种新的速度精英主体也需要在全球范围内移动，这也最终从他"静止代表着致命威胁"（1971，57）的声明中体现出来。因此自相矛盾的是，当弗莱雷责备坚持传统教育的讲师和统治精英建立一个"这些边缘人需要融入"的体系时，他自己实际上也在做同样的事情（1971，48）。

弗莱雷构建的其他错误的反对意见尤其可以在该书的第三章中看到，他不顾一切地从"坏的"（或幼稚的）思维中筛选出"好的"（或批判的）思维（但是如果批判性思维包含它自己的幼稚呢？）。一种从支配教育学中解脱出来的自由教育学（但如果教育必然是两者兼而有之呢？），试图从那些非人性化的人身上实现人性化（但如果人性化涉及某种新形式的非人性化呢？），以及从改变中获得永久性（但如果它们携手并进呢？）。第三章的其余部分有趣地提出了一种"主题调查"的方法，并从有问题的区分人开始。根据他的说法，人有语言和意识，与动物不同。那时，人们为了获得"对他们现实的批判性理解……将需要对内容有一个全面的认识……"（1971，92），他设想通过各种"沟通渠道"成为可能。尽管第四章中他明确反对任何以压迫者或精英的价值观来入侵当地文化的统治，但人们最终可能会悲哀地争辩说，弗莱雷在这本书中也许提出了一种更为隐蔽的"文化入侵"形式。这本书的风格也给人以自信、规范、道德和说教的印象，除了大量引用欧洲大陆哲学家外，还增加了文本中男权和欧洲中心主义的呼声。现在有人可能会反对包括如此论调和引用是弗莱雷向西方受众传达其观点时所必需的；但如果是这样的话，将他或他的学生的见解解读为真正的自我解放欲望也同样会有问题的。弗莱雷值得称颂的对压迫和教育的控诉，其盲目性不仅在于没有认识到它对激进、致命、神奇和消极的世界观的傲慢和蔑视，而且特别在于没有认识到他的教学实际上是如何融入在一种加速揭秘的策略中，因此，通过强化和取代男权欧洲中心主义，他将自己的"学生"交给了全球秩序新的速度精英配置。我想在此强调，他和我的分析的紧迫性远非简单地指责弗莱雷的努力，而是仅仅表明作为加速的普遍症状，人文主义的自体免疫疾病需要一个乐观和充满希望的立场。在第二节中，我将讨论弗莱雷关于这种教学法的开创性概念如何与新媒体技术的新兴理念相契合，以促进包容性和民主性学习。

第二节 数字化学习工具与学生赋权的幻觉

理查德·肖尔对弗莱雷以学生为中心学习的激进观点作了生动的注解，他将其视为完成其全新教学法的物质"资源"，并"通过西方世界的先进技术"恰当地体现了这一点（1971，13）。因此，与我在第一章中所论述的一致，弗莱雷对新媒体技术产生了一种对解放进步的乐观幻想，从而反映了人文主义努力在技术创新方面的过度投入。20世纪90年代，随着互联网和其他电子技术在本地和全球的日益普及，高等教育的网络化学习实验开始起步，此后这种举措一直层出不穷。通过邮寄书籍、录像带以及书面信函的方式，许多早期的跨机构和机构外的网络化学习举措都遵循了一系列远程教育传播方法。这些网络化学习倡议背后的基本原理与其前身一样，几乎总是通过新媒体使弱势群体能够有机会参与学术学习，并获得新的证书或文凭。例如，20世纪90年代，欧洲出现了大量由欧盟赞助的网络化学习项目，这些项目针对的学生群体原本会被传统学习环境排斥在外。其中一个例子是我在荷兰的一所大学就读期间参与的性别化网络空间模块（其课程档案仍然被发现"漂浮"在线，几乎与各种主观记忆能力无关）。该项目为欧洲各种学术和专业学习机构从事性别问题研究的学生提供了与该领域顶尖学者和同行在线交流的机会。与此同时，该模块还将促进跨文化对话（Hoofd et al.，2001），使之前已经离开大学或因经济或身体限制而无法进入主校区的学生能够通过在线学习与欧洲各地的同学建立联系。该方案由联盟发起，旨在通过网络化学习促进终身学习和在其境内的虚拟移动，取得了巨大成功，学生对该模块的反馈无疑是积极的。我可以举出更多全球成功的网络化学习项目的例子。但是，尽管在促进网络化学习方面取得了这些成就，我仍然建议为了有效地评估网络化学习的规则和计划，及其对学生赋权的褒奖，我们必须将它们置于更广泛的本地和全球社会经济背景中，因为它们发端于此，并继续发挥越来越重要的作用。当我们审视最近和当前的社会经济力量与高等教育新的中介学习形式的交叉点时，就会出现两个相关的问题。首先，这些新形式的学习及其无处不在的传播可能会涉及到哪种新的、有问题的社会结构和话语——机构的、国家的和全球的？其次，这种新的中介学习形式的技术和审美是如何促成或加剧这些新的包容和排斥结构？换言之，我们必须解决的问题是，这些新的教学方法及其技术如何通过促进非常具体的向上流动模式（包括本地和全球）而产生可能全新的去权形式，同时使其他方式失去合法性。因此，对网络化学习背后的教育学和意识形态理论基础的这种探讨，必须从这样一种观点出发，即像计算机和互联网这样的新媒体，绝不仅仅是透明地将学生与教师联系起来或调节学习目标和结果的"中立工具"。随着早期书籍和印刷技术的出现、同一时期欧洲殖民活动的兴起，以及一个新的管理行政阶层的到来，媒体可以深刻地改变，且产生于他们以及整个大学运作的文化和意识形态背景之中。

第一章概述的媒体技术概念并非中立的，而是与加剧大学核心的困惑有内在联系，这立即表明，无论模块的具体内容和通过这些媒体传播的任务如何，媒体技术在任何学习平台及其教学目标的构成中都是一种多方面的、模棱两可的力量。网络化学习内容本身可能在许多方面指向更大的社会经济环境的非中立性。在这种环境中，媒介依靠美学和阐述这种美学环境之间的关系运作。因此，教育工作者和行政人员在高等教育中坚持的有问题的常识性论述，即媒体是中立的学习渠道，本身已经反映了一种文化背景。在这种文化背景下，透明调解的理念有助于掩盖各种形式的压迫和公权褫夺。我们可以看到这种围绕中立或客观的误导性主张，有问题地掩盖了这些工具背后的欧洲中心主义假设，同时迫使"数字人文"中的交流关系出现根本性的变化和主体间的解释与融洽。这种常识性的论述，就像大学本身的概念一样，毕竟在历史上与欧洲中心主义和男权主义的主体思想以及它通过任何传播媒介自主地和有意地传递和控制意义和知识的潜力有关，第四章对此有更多的论述。相反，我坚持本书的观点，即学习的媒介共同构成知识，并产生某些学科的地位，这些地位是大学及其学术人员所服务的更大的经济和社会需求所连续需要的。换句话说，如果网络化学习的工具和意识形态建立在一套历史上倾向于偏袒西方和男性精英的假设之上，那么这对当地学生在性别、种族和阶级，尤其是非西方课堂内外的赋权和去权意味着什么？此外，教师教授学生的责任——即按照学术机构的要求，通过新媒体工具熟练地学习和交流，以确保学生未来的赋权和就业能力——如何可能导致教师在教学现场中出现一系列紧张关系（即教师自己的课堂权威与学生进行"自我指导"的在线学习的能力导致的放弃这种权威之间的紧张关系）将教学的权威和责任转移到网络化学习媒介中，有什么潜在危险和陷阱？正如利奥塔提醒我们的那样，在网络化学习媒介中，权力与真理脱节（或者更确切地说，技术权力有成为唯一真理的风险），几乎没有质疑其自动化的空间？这也解释了为什么在学术课堂上倡导新媒体本身往往被简单地视为是一件"好事"，可以"促进"学习，因为新媒体本身就有问题地代表了民主和解放的人文主义思想。但这种对少数幸福的人提供的"实质解放"与加速征服不幸福的大多数人密切相关，因为它的特权是新自由主义全球化及其新经济速度精英的维持和推进。这意味着，网络化学习通过其对积极、直言不讳、阳刚、相互联系和国际化人格的内在确认，牵涉大学课堂内外学生之间新等级制度的复制和产生，尽管其明确的措辞通常是关于消除这些分歧和脱节，以及将边缘化的人纳入大学的问题。

借助网络化学习的方式，通过压迫（以及对脱节的掩饰）来区别学生的不同力量（和联系）的这种悖论逻辑的一些好例子是被称为"教育游戏"的新学习工具。教育者和教师合乎逻辑地探索在课堂上使用教育游戏，因为今天的大多数年轻学习者通常都有丰富的电子游戏经验。此外，经常有人提出这样的论点：如果学习可以表现为游戏，学生可能更愿意接受学习中的"无趣"。工作即娱乐（或通过新媒体制作和播放的物质混乱）也是上述当代创意经济及其对知识工作者追求的标志之一，在这种经济中，电子媒体的消费已与创意生产和流通彻底交织在一起。教育游戏不仅寻求呈现一个学习环境，在许多方面是当前更大社会经济背景下的美学和技术缩影，而且学习和思考本身已经成为资本主义流通和创新的永恒需求的直接延伸，而这本身又牵涉到高度不平等的全球化和分配形式。因此，电子游戏在两个层面上与这种不均衡的全球化形式相关：即它们的即时性和加速性技术，以及其固有的军国主义美学或内容（Kline et al., 2003）。借由其所产生压迫的双边快速掩饰，通过教育游戏进行的学习必然会导致我所称的"双重客体化"，特别是当它声称赋予学生权力并寻求更大的社会正义时。

让我以一个（乍一看）富有同情心的美国教育游戏"真实生活"为例来说明这一点。根据其在线手册，"真实生活"的教学目标是让学生"了解其他国家的人是如何真实生活的"（教育模拟，2010年）。游戏的制作人认为，"真实生活"是一个"共情世界"，它将让学生"欣赏自己的文化和其他民族的文化"——这是速度精英们验证（虚拟）流动性和跨文化对话的明确指标。游戏开始时，每个玩家随机选择一个国家、阶级和性别的角色。由于游戏角色的归属是基于出生地点和经济地位方面的实际统计可能性，因此角色在印度、墨西哥或其他人口稠密的国家出生时贫困的可能性很高。在游戏中，玩家可以采取虚拟行动，比如决定把她或他的角色安置在学校，或者让她留在家里帮助她的父母。玩家还可以决定游戏角色将拥有哪些爱好，她应该从事什么工作等。游戏时间需要一年的跨度，学生玩家可以看到疾病或洪水等外部事件的影响，以及他或她自己的行为对角色和家庭的影响。游戏软件还显示了角色出生地区的地图及其统计数据，如人口密度、年收入总额、货币、健康标准等。这个角色还会拥有快乐、运动、音乐和健康等特质。虽然玩家的行为肯定会影响角色及其家人的健康和经济状况，但游戏潜在的有趣之处在于，它包含了玩家无法控制的事件和情况。这种游戏结构潜在地赋予学生一种感觉，即更广泛的精英或竞争话语可能是有缺陷的。

然而，很明显，现实生活中的归因虽然基于统计事实，但可能存在问题，因为这些归因很容易导致学生对一个国家及其居民的看法过于简单。例如，印度的确有许多穷人，而较贫穷地区的女孩往往不被允许或也不能上学，但让西方白人学生一次又一次地遇到对"印度"的这种表述，可能会导致刻板印象的再现，并无法理解印度社会的复杂性。此外，世界"其他"地方不断地通过吸引西方思维定势的镜头来构建，例如，当游戏角色到了青春期时，会暗示浪漫的爱情兴趣。这就是教育游戏客体化的第一个层次。但比这种刻板印象更严重的是客体化的形式模式及其游戏产生的距离效应。第二个客体化存在于界面——屏幕上的"飞行模拟器"式的视觉布局，显示了类别和角色属性的概览，角色生活中的主要行动和事件，可以在敲击按键时激活——如何赋予玩家一种虚假的控制感。当学生与一台编程的机器接触时，它似乎让他们认同并表现出他或她对一个"真正的"需要帮助的孩子的同理心。这种将现实与模拟混为一谈的说法是有问题的，因为当学生们全神贯注地玩这个游戏时，真正需要帮助的孩子却从学生玩家的视野中消失了。真正有需要的孩子变成了一个庞大但遥远而模糊的"他人"群体，他们实际上超出了学生和老师的直接责任范围。因此，从学生的角度和经历来看，花在虚拟同理心上的时间掩盖了学生观点和经历的真实压迫。此外，现实生活掩盖了这种虚拟游戏的物质生产和消费与对处于社会、经济和环境公权褫夺边缘的人们的持续剥削之间错综复杂的社会和经济关系。虽然相对富裕的年轻学生可能会沉溺于将他人的苦恼变成一种愉快而有益的游戏，但这种沉溺恰恰是基于一种速度精英主义的新自由主义结构。这种结构利用了环境，特别是印度和墨西哥等国家穷人的环境，并允许计算机组装行业将越发便宜的第三世界劳动力外包和女性化。尽管学生的态度发生了长期变化，但"真实生活"中作为一种加速技术的"隔离属性"可以将教师、决策者和学生的良好意图和同理心转化为一种即时的技术官僚和象征性暴力。我们可以在这里看到，游戏内容确实是公权褫夺的更大全球结构的症状，而追求社会正义的速度精英总是寻求在未来赋予权力，而现在却导致权力的丧失。尽管有人可能会反驳说，这种网络化学习只是在宏观或全球范围内与这种负面影响纠缠在一起，但我仍然认为，类似形式的物化和权利的剥夺也发生在大学课堂上，作为网络化学习在速度精英主义的话语和技术中存在的正当理由的一部分。在大学生群体中可以找到这种分层的四个主要证据，即无处不在的教学和学习问题、新的监视技术、实时和空间脱节问题，以及教师权威和学生责任转移到已经成为压迫性视觉机器的新媒体技术中。

像哈佛的 EdX 和斯坦福的 Coursera 这样的大型慕课时而商业化时而开放访问的网络学习工具最恰当地说明了这些证据。尽管弗莱雷可能称赞了这种面向所有人的全球学习空间的出现,但我认为,慕课包含了一种新的形式,在很大程度上(但不完全是)以美国为中心的、速度精英主义的文化帝国主义。他们之所以如此,是因为试图将以前"不值一提的人"纳入一个非常肤浅的"学习社区",首先是加速了在线交流。例如,通过虚假暗示参加哈佛大学的慕课将允许在线学生成为哈佛社区的一部分。慕课暴露自己更像是已经排名很高的全球大学的自我宣传工具,假装他们打算"民主化"高等教育,并向被剥夺权利的学生授权。学生报名参加此类慕课的愿望应该被视为一个根本不平等的全球社会的产物和再生产产物,因为基本上是被"开明"教育的滥用性乐观主义出卖,而没有任何实体校园中所产生的精英关系网络。因此,慕课阐明了大学理想核心的根本缺陷,即交际理想通过二级在线证书再现了全球精英主义。这种不平等还可以从这样一个事实中得以体现:许多慕课的"传声头像"都是白人男性教授,而他们的许多在线助教薪水微薄。此外,尽管慕课声称要创建一个多元文化的在线课堂,但其隐含的价值观、行为准则和语言仍然是深刻地以西方为中心的,即使有些内容已经翻译成了西班牙语和中文。例如,哈佛大学的第一门在线课程被高调地称为"正义",由著名的美国伦理学教授迈克尔·桑德尔讲授诸如"平等、民主和公民身份"等基本价值观。

虽然网络化学习工具经常被宣传为促进学生和教师之间的同步交流,但正是这种交流方式提供的灵活性,通过语言和表达的过度衍生,使所有"游戏"时间越来越多地转化为生产时间(或"工作"),这是速度精英主义最重要的标志之一。有鉴于此,"慕课"一词不仅让人联想到早期的网络化学习计划,而且也让人想到MOO(面向对象的多用户迷宫)和MMOG(大规模多人在线游戏)这两种普遍存在且由来已久的在线聊天和游戏工具。所有这些工具都力图通过加速生产来使我们的时间变得极其稀少;作为教育工作者,我们不仅需要关注课堂教学和偶尔的敲门声,还需要顾及网络论坛和众多的电子邮件。对学生来说,他们越发被迫积极地离线(口头)和在线(通过写作和插入图像)参与,会导致更多的压力,减少花在静谧地思考某个问题上的时间。而且,这种对积极参与的强调在历史上有利于西方(尤其是美国)和男性主体,其实践者更倾向于为自己的利益而大声疾呼和辩论,因此导致了学生之间性别和种族等级制度的再现。此外,网络化学习系统倾向于通过归档发言的数量、学生登录系统的时间量、提交作业的确切时间和上传的数量来促进学生数据的即时量化,这可能导致一种评价性监督文化,这种文化倾向于重量轻质——这是当今大多数大学采用的管理话语的症状。正如已故文化评论家比尔·里德提醒我们的那样,在这种文化中,"卓越"已经等同于作为信息的知识的过度生产(Readings, 1996)。

最后,人们可能想知道,除了上述的监督问题外,部分放弃教师在互动和评估方面对新媒体技术的责任，这本身是否是一种合理的教学举措。在注重培养平等的课堂上尤其如此。在那里，身体的亲近可以解释各种身体暗示（如沉默）、面部表情（如微笑或皱眉）、身体姿势的变化或神经抽搐。教师可以有效地将这些迹象视为暗示学生正在思考或经历不适，或者可能提供了新的讨论机会，而且这种线索在不同性别和种族之间分布不均。换言之，将教师的责任转移到网络化学习工具中，切断了紧张的开端和场所，而这往往是学生有效学习和与同伴真正互动的基础。此外，正如我在第一章中通过维利里奥的《视觉机器》论证的那样，这种学习取代了控制论工具，并使任何真正的道德情感无能为力。正是出于这个原因，后殖民女权主义者佳亚特里·斯皮瓦克在接受荷兰媒体评论家希尔特·罗文客采访时警告说，互联网"可能会变成排他性的自恋工具，一个趋近"他者"的模拟物，这恰恰是对责任的逃避"，而这反过来又与"世界分层"密切相关（1997，n.p.）。因此，尽管有人认为网络化学习具有额外的优势，即学生"在学习过程中拥有更多的权力和自由"，从而促进了"自下而上的学习"，但将学生置于行动和表达中心的观念，与当代技术官僚全球化下新的互动技术促进的赋权幻觉惊人地相似。有鉴于此，保罗·弗莱雷的这本书（主张以自下而上的批判性学习作为消除不平等的一种方式）在过去几十年里特别是在许多以技术为导向的北美大学中获得了如此热衷的读者，这或许并不奇怪，因为"通过新技术实现个人自由和赋权"的言论贯穿了整个美国以及速度精英主义的教学和研究议程。通过网络化学习进行自我指导的学术研究，尽管乍看起来很有前途，但很可能导致学术教师和大学管理者不负责任地重复技术，制度和更大的社会经济权力结构。因此，社会经济背景首先需要从实际的课堂参与中"解放"出来，斯皮瓦克在与采访者玛丽·祖尔纳兹讨论这个话题时，将"伪装成邀请的强迫"称为全球新自由主义经济的典型（2003，180）。在许多方面，推动网络化学习是一股模糊的力量，它涉及一种以欧洲为中心和以男性为中心的速度精英主义的全球传播。尽管或更确切地说是因为其民主和解放的措辞，但这可能导致机构内和机构外不平等的加剧而不是缓解。这并不是说网络化学习被误导，而是说教师为学生赋权而有意实施的网络化学习也会产生各种意想不到的物质和象征性暴力形式。那么，自相矛盾的是，教师培养其学生当代全球和世界观的制度责任也存在于其权力和责任的转移和丧失之中，例如，没有注意到那些不能通过电子方式传递的信号。事实上，正如现实生活和慕课的例子所示，新媒体促进的"双重客体化"表现为学生赋权，因为它允许通过"中立连接"的神话来掩饰新形式的压迫。正如我在第一章指出的，新技术在这些例子中的确既是大学民主理想的先兆，也是大学民主理想的阻碍。

第三节　全球化亚洲大学的创造力、批判性和数字化

围绕授权和压迫的核心紧张局势阻碍了乐观和充满希望的网络化学习实验。这种紧张局势以一种复杂的方式在寻求拥抱数字化的前殖民地大学中卷土重来，而数字化据称会导致创新和创造性个人的成长。我必须在此再次强调，在欧洲和亚洲，高等教育经历了并将继续经历迅速的变革，但这些变革在西方和东方并不完全相同。尽管许多欧洲大学不得不放弃其经典的教化理想，转而选择更为务实的教育模式，但许多亚洲大学，尤其是那些位于中国香港、迪拜和新加坡等全球新兴城市的大学，或许令人惊讶地强调批判性和创造性思维，而不是为了职业目标获取知识的陈旧教学模式。此外，在全球新兴城市中的亚洲大学越来越多地设法引进像我这样的西方学者，以努力利用"全球人才"进行教学和研究，从而使西方关于科学、正义和进步的思想进一步在全球传播。乍一看，亚洲教育背景下的这种转变可能会受到人文学科教学的欢迎。在人文学科中，以"质疑"为形式的批判性和创造性方法一直是民主理想的基础。因此，批判性思维在亚洲的兴起可能会激起"东方"对抗西方新自由帝国主义的希望。然而，我在第二章中提出，西方人文主义者在亚洲大学中直截了当地欢迎新的批判性和创造性思维是有问题的，因为它恰恰参与了一种新殖民主义，加速了透明和解放这一不可完成的人文主义理想。在第二章中，我将通过分析新加坡及其国立大学后殖民背景下的新自由经济、新媒体技术和此类新"思维"的交叉，对亚洲高等教育中创造性和批判性思维的兴起提出疑问。我曾在那里教授女权主义和欧洲大陆哲学。

这种分析围绕着新自由主义教育在亚洲背景下的影响提出了一系列重要问题。这是因为这一变化似乎偏离了早期的殖民主义和后殖民主义逻辑，在这种逻辑中，西方霸权试图通过引诱亚洲学者和学生进入自己的西方制度逻辑来复制自己。加亚特里·查克拉沃蒂·斯皮瓦克在《深入教育机器》中恰当地勾勒了这一古老的后殖民逻辑。此书中"教育机器的边缘性"一章讨论了西方的重新验证如何依赖于边缘性持续和不稳定的复制。她以自己的向上流动作为"真实的印度声音"在西方学术界被压制的过程和结果为例证来说明了这种复制（1993，54–55）。虽然她作为一名来自"东方"的学术"印度人"的地位为她提供了权力和收入，但这种压制仍然是西方对非西方的话语、经济和技术暴力的一部分。因此，主张真正的边缘化是对帝国主义征服的一种自相矛盾的承诺。这位亚洲学者成为一种新殖民主义形式的代理人，正如她被西方学术人文主义思维定势及其对边缘化的依赖所收买和"认同"一样。

以我为例，作为一名西方白人学者，被"引诱"到东方教书长达 8 年之久，角色似乎发生了逆转。但这种表面上的逆转是否意味着全球文化霸权——就像中国和印度的经济崛起一样——正在向东方转移，远离西方，或者这种逆转是西方保留其霸权的新经济文化逻辑的征兆？从东方对西方的角度来概念化当前的霸权是否仍然有意义？在教育新自由化的问题上，为了动员和展示使用东方作为西方对立面的局限性，我将通过来自东方的"西方"哲学家马丁·海德格尔，参与新加坡国立大学创造性和批判性思维的萌芽。我使用海德格尔关于思想和技术的观点，特别是因为这关系到如何思考技术官僚全球化的替代方案。此外，在第二章中，我与海德格尔的接触将我对这种"已故白人"的教导与新加坡国立大学表面上非白人的中上阶层学生群体相提并论。这将使我认为，尽管（也正因为）所有关于新媒体解放潜力的言论，新加坡国立大学内外思想的控制论加速产生的刺激，与学术界对政治的模拟一样多。因此，在亚洲高等教育核心发挥作用的新逻辑是一个完全模棱两可的问题，应该联系西方和东方脱颖而出的全球精英来理解。然后，我按照在第一章提出的概念，将这些新的精英称为"速度精英"，因为他们依赖于技术的加速和新自由主义的越界。（另见 Armitage，2001——我将在第三章和第五章简要回顾其观点。）速度精英主义，而非欧洲中心主义，是当代差异形成的主要纽带，尽管它建立在欧洲中心主义的民族和种族差异的形式化基础上。在科技加速下的新霸权格局中，高等教育成为一个民族主义和全球化的项目。我的新加坡学生将自己标榜为"有创造力的亚洲人"，从而构成了向上流动的斯皮瓦克人。

技术创新是大多数亚洲大学背后的驱动力，有鉴于此，对创造力和批判性的呼吁应该得到重视。在新加坡，这种无处不在的技术驱动与新加坡国立大学所处的西方和亚洲之间的不平等关系密切相关。因此，如果将新加坡的新教育政策视为欧洲学术界正在发生的新自由主义的鲜明反例，那将是一个错误，因为东西方之间的差异本身已成为思维模拟发生的节点之一。尽管如此，在新加坡背景下重新解读欧陆哲学的紧张局势可能有助于开启这种新自由主义。我将在此用海德格尔的著作来论证，在当今所有高等教育都为之服务的越发邪恶的全球经济中，一种霸权主义的控制论美学与对批判性辩论的持续篡夺同流合污——就像这场在欧洲和亚洲之间的辩论。正如我也将在第四章详细阐述的那样，"思考"在世界范围内的（学术）机构、网络及其加速的资本流动组成的全球体系中变得僵化。我将通过对新加坡复兴城市运动的分析来说明这种思想的僵化，该运动旨在推动教育中的批判性和创造性思维，以促进当地产业的发展。这一分析将表明，新加坡国立大学对"创造力"和"批判性思维"的主张与新自由主义中政治和经济生产的模块化以及正在进行的劳动力去政治化相一致。但也正是由于我通过新加坡的例子批判性地追溯了这种思想僵化，这种思考再次以独特的形式出现——从而解决了海德格尔著作中现代技术赋予权力和压迫之间的分歧，并使新加坡国立大学的案例动摇了西方形而上学及其当前作为新自由主义加速的表现，就像我的亚洲学生在课堂上质疑西方权威的文化特性一样。

让我首先简要回顾海德格尔关于思维形式、社会变革和技术之间关系的论点。海德格尔在《技术的追问》中指出，技术的本质从来都不是中性的，人类的活动和思维都是在技术领域内组织起来的（1993，312）。对他来说，现代技术的本质在于西方工具主义思想的强化。这导致了思想在霸权中日益合谋。海德格尔的批判则开启了分析工具和教学法的可能性，即它们在新加坡这样的社会中参与了霸权的（再）生产。在他看来，技术的主体在某种程度上始终是技术的客体，而现代技术只是对这种客体化的延伸。

问题是，由于亚洲大学大量采用数字技术进行管理、研究和教学，这种客体化的加剧是否在新加坡显现。此外，人们可能会想，是什么导致了海德格尔不一致的主张，即一方面，"τηχνη"是艺术（ποιησις）和对单一思想的开放（通过揭示）；另一方面，现代技术是极权主义的，将主体客体化（1993，317）。在新加坡国立大学，白人对"西方"哲学和技术的采用和教学，是对亚洲学生和整个世界的压迫还是赋权？在《什么需要思考》和《哲学的终结与思的任务》中，海德格尔得出结论：当代技术标志着哲学在其逻辑顶点——技术科学中的死亡，而技术科学在新加坡国立大学中确实得到了大力的追求。每一个概念化的结果最终都会在控制论的流动空间中成为一个经过计算的数字。哲学之所以能够达到这个顶点，是因为它本身就像技术科学一样，总是以"概念是先验真理"为信念而假定透明交流的理想。

海德格尔指出，这种哲学的完成意味着"控制论将语言转变为新闻交流……科学真理等同于效率……（并且）表征计算思维的操作性和基于模型的特征成为主导"（1993，434‐435）。我们完全可以看出，这种控制论思维在新加坡国立大学和大多数其他亚洲大学中占主导地位，大量学生不得不遵从这种思维。海德格尔在 *What Calls for Thinking* 一书中强调，这种思考，不管是采取理性主义哲学还是科学经验主义的形式，实际上根本不是思考，而是预先描述的推理的工作环境，这种推理抑制了"清理"思考空间的基础姿态。然而矛盾的是被压抑的（隐藏的）和显而易见的（未被揭露的）技术科学真理之间日益扩大的差距，对海德格尔来说，需要更具原创性的思考，正如我在第一章中讨论的德里达，至少需要对大学提出更多的"原创责任"，如果有人愿意质疑那些使（教授）哲学成为可能的理由（1993，389）。海德格尔的分析最初使亚洲高等教育中学生和公民赋权和解放的简单化修辞复杂化。正如列夫·马诺维奇在《论极权主义的交互性》中声称的那样，控制论的吸引力恰恰是极权主义，因为它将一个人插入一个指挥和控制系统，而这个系统仅仅使其成为资本主义生产的对象（1996，3）。同时，这种客体化被错误地体验为"自由"，因为它的历史和美学的特殊性被隐藏在有意识的理解之外——因此用海德格尔的话来说，这使得今天"在令我们发人深省的时代，最发人深省的是我们仍然没有思考"（1993，371）。与这一论点相一致的是，我可以声称，高等教育中"批判性和创造性思维"这一术语的削弱标志着新自由主义对技术文化的学习和工作主体的客体化的增加。这使得我无法真正地从外部思考并质疑其制度可能性。海德格尔在《哲学的终结》中说，这种"头脑更清醒的"（1993，449）真正的思维是"一种既不是形而上学也不是科学的思维……它不断地、日益地自我抽离"（1993，436）。正如本书也佯装在做的那样，真正的思考是意识到思维的局限性及其与新自由主义加速的纠葛。由于新媒体在"反东方"冷战时期主要在西方大学发展，这种技术发展可能意味着媒体更积极地介入亚洲社会、个体和他们学术交流模式的后殖民分层。在这种分层中，思想在新自由主义的流动空间中变得僵化。自相矛盾的是，加速技术对受试者"以不同的方式思考"和创造真正的政治或经济替代方案的能力具有减速作用。

后殖民主义和新自由主义逻辑通过将东西方的学生、研究人员和公民视为真正社会变革的推动者，以不同的方式使他们受到压制。这种持续的思想僵化就出现在新加坡政府复兴城市运动的言论中。关于在高等教育中激发创造性和批判性思维的教学法的争论日益激增，这就是这场旨在扩大新加坡经济生产率运动的宏伟目标的一部分。这一增长与最近全球和亚洲互动媒体行业的热潮不谋而合，互动工具和方法被誉为引导学习者创造性和批判性思维的主要技术。新加坡新闻、通讯和艺术部部长李文献一直在大力提倡将企业家培养成"具有良好概念化和批判性思维能力的创造性人才"。李部长的目标是利用创意产业带来的全球经济热潮，并"利用世界各地对独特内容和服务的需求"——换句话说，让"新加坡"文化和产品成为主要供西方消费的独特全球商品（2007，n.p.）。为此目的，新加坡新闻、通讯和艺术部（MICA）设立了创意产业奖学金，并发起了新加坡创意社区（CCS），以"帮助初出茅庐的企业家"（MICA，2006）。CCS目前正在赞助几个项目，其中包括通过创新游戏塑造教育企业家（MEETING），该项目旨在通过培训学生设计数字游戏，"增强"学生"生产性、创造性和批判性思维能力"（2007，n.p.）。李部长没有提到，在新加坡，这些游戏有相当一部分是出于军事目的而制作的，许多学员最终将为新加坡军队工作。但是，即使在军事活动中创意产业的这些明显共事之外，这种培训和创新也存在问题，因为它是由控制论市场扩张及其对批判性和创造性思维的篡夺驱动的。

新加坡公民和学生成为复兴城市运动的目标，这一点从《文艺复兴城市报告：文艺复兴时期新加坡的文化和艺术》中可见一斑。该部的这份文件呼吁出现一种具有某些"文艺复兴品质"的"新加坡人"，以"迎接新千年的经济挑战"（2000，38）。该文件反复强调了"文艺复兴时期的人充满探索精神、冒险精神和广泛能力"这一乐观而浪漫的观念，敦促新加坡人"敢于与众不同……他能够为其从事的每项活动带来独特的增值优势……能够用旅程与目的地同等重要的智慧平衡对结果的热情和对懒惰的憎恶。"（2000，38）以文艺复兴时期的人作为喻体，在这里颇具象征意义。毕竟，推动新加坡高等教育发展的后殖民逻辑从一开始就受到西方的启发——无论是思想、工具，还是现在的人。在当地三所大学中，过去数年来西方研究者的比例都不均衡，考核及评级制度则是融合了较旧的英国模式及较新的美国模式。另一个影响学术研究的后殖民逻辑的例子是新加坡国立大学和麻省理工学院之间的合作，美其名曰新加坡—麻省理工学院联盟。在这一联盟中，麻省理工学院的研究通过与新加坡国立大学的联盟概括了亚洲文化差异，从而获得全球地位。新加坡赞助了与麻省理工学院的合作，使得新加坡国立大学可以在其宣传册中使用麻省理工学院这一享有盛誉的名称——毕竟，美国麻省理工学院享有比一些亚洲大学更高的地位。然而，这意味着麻省理工学院是靠新加坡的资金维持的，而且尽管新加坡国立大学和麻省理工学院的研究人员对联盟表示乐观，但这种合作似乎极不平衡。这可以说是一种通过将东方文化融入西方学术实践的新殖民主义剥削形式。

为了避免可能出现的新殖民主义剥削的看法，新加坡内政部的文件强调，这种社会契约并不意味着新加坡人在"一部无名巨作中仅仅是一个演员，而是新加坡故事的共同作者"（2000，39）。但是，有人可能会想，当这种质询是由一个在几乎所有公民都没有参与的情况下撰写这份文件的政府推动的时候，新加坡人作为"共同作者"有什么贡献。当新加坡人的角色被限制在如此极端的精英统治和欧洲男权化的术语中时，他还有什么空间"与众不同"？当不仅仅是创造性思维，甚至连哲学智慧本身的概念都淹没在对创新、企业家精神和生产力的不断呼吁中时，思想还有什么发挥作用的空间？就新加坡学生实际上成为新自由主义知识经济创新需求的工具而言，试图消除人们对新加坡人成为"纯粹演员"的恐惧听起来越来越不靠谱。后来，这份文件还出现了更多这样的措辞失误，它声称复兴时期的新加坡人将使新加坡"融入通信、金融和商业的全球网络"（2000，40，italics mine），并强调"身为新加坡人不仅仅是一台经济机器"（2000，42，italics mine）。这些失误恰如其分地描述了控制论机制中对思想的僭越和亚洲毕业生的情况，并彰显了自由和差异的言论成为更大的经济需求的一部分的时刻。这里要说的是，该文件推动"新加坡"成为"技术先进、设计美观、包装新颖的产品和服务"的知名品牌（2000，40），使新加坡与西方的区别仅仅是一个营销标签，就像东方更普遍地起着与西方另类的幻觉作用一样。因此，正如我在第一章指出的那样，我们已经深入了解了鲍德里亚的思想，称为"差异模拟"。

第四节　民主和批判所加速的幻觉

尽管新加坡政府正在为适应全球新自由主义经济的需求而大力改革其高等教育，但几位专家却错误地声称，政府通过互动工具鼓励创造性和批判性思维，将滋生更多另类政治观点和更多"创新"思维。这些分析家认为，这将挑战和颠覆地方威权主义，并最终使新加坡民主化。例如，在《高等教育年鉴》最近的一篇有倾向性的文章《新加坡的潘多拉魔盒》中，玛莎·安·奥兰德指出，新加坡高等教育提倡创造性和批判性思维，鼓励学生"突破界限，提出有难度的问题"，对于"由一个不容置疑的强大单一政党统治的高度保守社会"来说，是一种"负担"（2007，n.p.）。同样，创意产业论坛的参与者们预示创意产业将作为民主化的一种形式，进入中国和东南亚。在《中国的创意野餐》（*Picnic Creative China*）一书中，来自阿姆斯特丹的研究员赵启兰（音）提出，在中国这样以"廉价仿制品和盗版"闻名的国家，创意是否有一席之地，并认为互联网让"普通人成为民族英雄"。根据赵的说法，在线企业和行动主义将"挑战（中国政府）权威"（2007，n.p.）。

我在弗莱雷的著作中也发现了这种几乎家长式的论点，其核心是一种错误的观念，即创造性和批判性思想具有内在的抵抗力，这种思想和知识本身可以改变政治现状。但是，这种"创造力"和"批判性"的解放内涵是由"创造性"这一术语蒙蔽的西方人文主义概念带来的。这一概念允许创意产业的支持者声称"原创思维"正待培养，而实际情况恰恰相反。让我在这里动员对海德格尔从"东方"展开的批判性追踪。最初，源自拉丁语"creare"的动词"create"的意思仅仅是"制造"，并不具有当代西方的创意、天才和想象力的含义——事实上，古希腊语和拉丁语中都没有任何一个词与当前英语中的"创造力"相对应。"creative"一词指的是一个人具有明显的创造性和理性的品质，直到1680年启蒙运动鼎盛时期才进入英语，并标志着西方从上帝作为促进"从无到有"的创造实体向人类的转变，仿佛他是一个天才代理人一样（Partridge 1990，128）。大多数东方语言都没有一个术语来描述西方意义上的"原创性"——相反，在中国文化中具有创造力意味着尽可能熟练地模仿大师或复制杰作，这是我的部分中国学生非常擅长做的事情，这也使他们容易遭受剽窃的指控。西方对创造力和批判性做出存在瑕疵诠释的作者，如奥兰德和赵启兰，倾向于对新加坡和中国等所谓的"不自由""山寨""保守"的亚洲国家的文化和政治，采取傲慢的居高临下的立场。认为创造力将挑战"保守"的新加坡政府，这不仅是一种天真的分析，有问题地颂扬西方价值观天生优越（正如新加坡政府在一个表面上弄巧成拙的后殖民论调中，也在理想化文艺复兴时期的人），而且还忘记了创造性或批判性思维从来不会发生在经济、制度或政治真空中。再者，创意产业及其思维模式更可能通过在全球加速中同化学生群体而参与新自由主义的复制及其危机管理，而不是参与对这种结构的有效竞争。像赵启兰这样的中国学者被邀请到荷兰研究创意和新媒体的"民主化"效应，并代表"受压迫"的中国人民发言，这并不奇怪，因为她的言论服务于西方文化优越的自我满足形象，而这反过来又促进了后殖民形式的经济剥削。

因此，鉴于思维的模拟导致西方对"创造"的误解流传开来，新加坡目前批判性和创造性的教学方法和工具的扩散标志着新自由主义下颠覆性思想和行动的消失。强调创造性和批判性思维的教学法，就像弗莱雷提出的一种自下而上的活动一样，掩盖了加速发展的当代学术思想的日益复杂化的趋势。这里还有一点值得注意的是，"批判"一词越来越多地出现在新加坡国立大学的政策和教学中，而且这个词正在迅速失去其所有的政治吸引力。"批判性"一词的弱化在该校"关于如何诱导批判性思维的教学模块发展中心"有所体现。在这些课程中，现在各种解决问题的技巧都处于"关键"的标题之下。这包括引导学生对实证问题进行"正确"解释和提出"真理"的方法（CDTL，2007）。但是这种思想的培养表现出一种非常有限的质疑概念——相反，思想似乎是在学生探索自由的幌子下被管理的。这种管理力求建立具有文化特色和经济效益的基础、框架和公理，使之具有普遍性。在海德格尔的传统中，真正的批判性思维应该是一种产生问题或使问题复杂化的实践，它揭示了正义和真理的歧义，而不是一种解决问题的思维，它将正义视为走向科学真理的经济和技术进步的副产品。但是，基于显而易见的原因，新加坡学术界和政府决策者并不认同这个词引发的问题，他们明白自己在提高毕业生就业能力方面的责任。在这两种互不相容的批判性思维定义的交汇点上，新的全球经济对在亚洲的国际都市培育一个创新阶层的迫切道德要求，与通过新的通信技术不断加速这一经济之间出现了一种强烈的联系。新加坡和其他亚洲国家对创造性和批判性思维的推动，可以被解读为资本主义通过速度实现生产过剩的一种征兆。"文艺复兴城市"运动显示了新加坡的文化和创意如何成为网络流通、生产和创新的资产，而其公民学生仅仅是这种言论及其控制论加速的目标。它还揭示通过对大学基础理想的回溯如何说明创造性和批判性思维。也是在"西方"，创造性和批判性思维总是依赖其与产生这种思维的通信技术的结合，因此，学术界典型的解放理想总是通过技术上的屈从而得以实现。

因此，真正批判性思维的消失直接指向当代大学使命的重新制定，无论这意味着欧洲转向实用主义，还是亚洲转向创造性和批判性思维。在 *Theory after Theory，Institutional Questions* 一书中，比尔·雷丁斯认为，今天的大学以服务于技术官僚资本主义的卓越理念为标志。他指出："卓越是非参照性的，是一个完全内在于系统的价值单位，仅仅标志着技术自我反思的时刻。"（1997，23）这种卓越的理念仍然与大学以前作为文化和理性（或者确切地说：思维）之一的理想紧密相连。但是卓越并不局限于任何特定类型的内容，因此对于"信息的生产和处理"的资本主义逻辑极为有用，因为它允许"多样性而不威胁系统的统一性"（2001，23）。前新加坡国立大学校长施春风在墨尔本大学的演讲《专注、协作、繁荣》中强调，要培养一个国际化、有教养的、能"批判性思考"的学生公民以追求卓越。

施校长呼吁人文学科"为公民和社会准备一个由科技驱动的新明天"以及改变世界的"结构性变化"（2007，4）。他还提到由于印度和中国的崛起而导致的"重心转移"，以及这种转移带来的"文化复杂性增加"（2007，2）。根据他的观点，新加坡国立大学应该参照洪堡的理想，承担"功能性使命和文化使命……文化使命关系到全球公民的性格发展"（2007，5）。作为教育者，我们的"职责"是"参与我们这个时代广泛的社会、人文和哲学问题"（2007，8）。这种对哲学的呼唤在新加坡国立大学现任校长陈祝全的就职演说中得到了回应。陈校长敦促教师帮助"学生成为具有质疑意识的思维个体"，这样毕业生将"在多元文化环境中发挥作用"，并"装备自己……在充满机遇的全球化世界中有所作为"（2008，8–11）。施和陈两位校长对人文学科的要求对于"时空收缩"的人（2007，3）来说最有意义——那些毕业后要到国外旅行，与其他文化（主要是西方文化）交流的人，如企业知识工作者、政治家和学者。尽管新加坡国立大学以自己是"全球知识企业"而自豪，但它是当代高等教育被裹挟在全球资本的后殖民规定中的一个主要例子。这是合乎逻辑的，正如其迎合"独特文化内容"的全球需求目标显示的那样。因此，这种文化生产与速度逻辑的结合成为其主要特征。作为内容的文化差异，尤其是当它声称与西方或中国权威进行批判性接触时，不再对新自由主义的加速产生影响。但这意味着，在此情况下，海德格尔的批判也可能与自己和雷丁斯的悲观解释背道而驰，我将在第三章进一步探讨这一思路。那么，在一个以思想控制论和西方哲学死亡为标志的当代亚洲大学中，我们如何理解出现这样一种批判的可能性呢？毕竟，在新加坡国立大学我的白人身份得到了显而易见的认同，而西方人文主义关于权力、异议和对话的哲学已经成为我教学围绕的核心概念，但我的一些前新加坡国立大学学生已经间接地评论说西方质疑技术官僚新自由主义的道德优越性是如何为我的教学奠定基础的。这些以前的学生还观察到，我的教学背后的理论基础不是"直接"适用的知识和技能，而本质上是"塑造性格"，这与冯·洪堡的中心理想非常一致。他们意识到，这可能有助于他们作为新加坡政治家或企业家的后学术国际生涯。尽管这些回答因忠实于提问的基本原则而令我的教学感到不安，但我希望学生们对"已故白人"批判哲学的亚洲回应至少能打开一个超越后殖民逻辑的探究空间。

第五节　后殖民地融入全球视觉机器

综上所述，有趣的是，尽管如此，我们还是可以看到一场意想不到的运动，动摇了该学术项目的男权欧洲中心主义，动摇了其所谓的哲学现实主义和客观主义的核心。相反，如果把海德格尔和我对真假批判性思维和创造性的区分，正如我在东方对西方创造性和批判性定义的挑战中表明的那样，看作资本主义思想僵化的症状，我们可以看到，海德格尔自己已经通过启示录式的完成修辞来模拟思想，从而使思想复活，仿佛它是独一无二的。我也注意到这种思想的复兴是通过利奥塔在第一章关于它在计算中崩溃的论证。这一点，以及第二章对速度精英主义不公正地要求思想的紧迫性和持续性之间富有成效的相互作用，是当今人文主义不一致的表现。一方面，启示录式的论证使关于新自由主义的普遍主张成为可能；另一方面，由于它与新自由主义的纠缠，这一主张不可能完成。"真正的"批判性思维在这条禁令中似乎与新加坡政策文件和新加坡国立大学教学中批判性和创造性思维的掺水版本一样，是加速发展的同谋。但我在这里的意图并不是在当代新自由主义权力安排之外编造一种想法——恰恰相反；我认为，"自下而上的学习"和"创造性与批判性思维"的泛滥标志着西方人文主义的缺陷和前景（并预示着西方人文主义的希望和恐惧），以及它向亚洲和南美洲的新自由主义的内爆——以前忠于新加坡国立大学，现在忠于乌得勒支大学"批判性思维"的要求，也是一种人文主义。一方面，在教育中强调批判性思维和新媒体是弗莱雷理想的具体体现，由于其排他性的创业技术逻辑，这将导致收入差距的扩大。这种分层将唤起"旧的"人文主义的正义承诺，因为它从我们身边溜走了，已经超越了新自由主义的视野。仅仅与新媒体进行创造性或批判性的接触将不能简单地扭转这一局面，因为这些技术是新自由主义加速的基本要素。对自下而上的学习、创造力和批判性思维的推动将首先促进速度精英在未来几年的崛起。然而，另一方面，同样真实的是思维模拟的未来结果不能事先知道，因为思维通过技术起作用，因此不能完全预测维利里奥技术"事故"

的影响。这就是通过批判性地动员"南美"或"亚洲"作为"西方"的对应点而打开的模糊潜能：这不是斯皮瓦克式阴谋的反转，而是浸淫于完全后殖民逻辑之中的新加坡上流社会对"已故白人"的快速精英掠夺。有鉴于此，乌得勒支大学最近用同样速度精英主义的口号"庆祝、创造、连接"庆祝了他们的 380 周年纪念日（2016）。

通过深入研究弗莱雷著作中存在问题的农民赋权理念和新加坡国立大学中明显由学生驱动的创造性和批判性思维，我已经揭示了在全球知识经济中清理思维空间的基础。在这里，思想（因此也是我通过这本书进行的思考）在一个新自由主义的信息交流系统中发挥作用，将"思维研究者和学生"转变成这个后殖民框架中的生产工具。这里也许值得注意的是，经济学家约瑟夫·熊彼特声称，资本主义必须通过"创造性破坏"来强制鼓励创新——这个术语指向把学生和研究人员作为控制论工具来征服的暴力一面。当前西方哲学在技术掌握方面的完成，标志着在后殖民时代，面对文艺复兴城市运动对创造性和批判性的需求，新加坡学生群体日益客体化。我以前班级中最优秀的学生也通过学习质疑自己的相对特权地位而获得分数，从而向社会上层流动。正如我来到亚洲，与之前在荷兰乌得勒支大学一样，我现在的雇主为我打上国际化烙印，允许拉拢富有的国际学生并建立跨国研究合作关系。我的教学过去和现在都是校长希望我做的事情：为学生提供创造性和批判性思维的能力，以及"性格的发展"，这是新速度精英在创业、使节和研究为导向的努力以及国际联系所需要的。这一部分由一位白人女性撰写，以批判的姿态模拟了文艺复兴时期的理想。这本身就是全球速度精英对创造力、沟通和批判性要求的结果。这种情况标志着我的西方特权，但也将质疑这种学术特权的火炬传递给了潜在的未来精英，即我的亚洲和荷兰学生。

总而言之，所有这些学习举措的负面影响可能并不像反新自由主义专家们期望的那样，源于某种纯粹的新自由主义，甚至是普遍的经济贪婪。相反，更令人不安的是，这种负面影响源于专家们非常用心的想法和活动，他们真正关心的是通过向"大众"传播赋权、民主和启蒙的工具和理想来打击权利剥夺和贫困。我们可以在这里看到当代学术界自体免疫疾病的鼎盛时期，因为它自身的构成理念，特别是在慕课的案例中，引发了对其自身的讽刺。在这种理念中，大学的所谓仁慈的学术项目表现为非法欺诈。从一开始它的存在似乎只是为了让已经存在的精英机构在网上树立品牌，并为它们赚钱，而这些机构在加快生产力和沟通方面有着利害关系。有鉴于此，尤其是处于军国主义推动控制论技术发展前沿的西方大学，转而将这些工具视为全球学习的"理想"教学空间也显得顺理成章。毕竟，教育和新媒体的结合提供了最高的维利里奥视觉机器，其中学生生成的元数据本质上与全球全知的乌托邦目标紧密相连。因此，它可能会对世界上任何其他存在方式极其盲目和不尊重，就像弗莱雷诋毁被诽谤的南美农民的非生产性"宿命论"一样，他值得称赞的努力使他们加入速度精英的行列。正如我将在接下来的第三章、第四章中展现的那样，这一尝试出人意料地在许多西方批判性学术活动家和知识分子表现出的反新自由主义怀旧情绪中找到了完美的镜像。

第三章　理想主义的自我错觉与怀旧的局限

第一节　从文艺复兴时期的人到反常的大学

虽然第二章论述了"自下而上学习"的观点是如何随着网络通信技术的早期出现及其加速发展的特性而出现的，而第三章将反过来更深入地探讨在所谓的知识经济中围绕课堂教学场景对所谓坚实且真实的"文化"和"伦理"的呼吁。我们将看到在前一章中讨论的关于文艺复兴时期人的比喻，它是如何引发对单一和真实的"文化"有疑问的怀旧，且该比喻以一个特定的支点加速大学的困境。例如，奥特加·伊·加塞特引人入胜的作品以及一次更具问题的尝试，即通过像亨利·吉鲁克斯和斯坦利·阿罗诺维茨等人的作品，同情但又迷惑地回归最初"未受污染"的大学，来驱逐新自由主义在学术界的所谓"入侵"。最后，我还将讨论在荷兰的几所大学（我目前在其中一所任教）是如何不断恶化紧张局势。针对师生的象征性暴力形式以及其他内部双重约束，如何通过在人文学科课程中明确方法和目标，以及空洞地呼吁大学的行政和管理实践更加透明和民主，导致学术严谨性得到善意但不充分的执行。请允许我在这里强调，我在讨论这些富有同情心的作家和大学师生的真诚斗争时，当然不是要嘲笑这种斗争，而是要说明回归某种文化、理性和启蒙的"原始"大学，不受政治污染，恰恰是加速其当代不公正行为的共谋，这是何其矛盾。通过恢复对全面知识、表现形式和透明度中立或渐进追求的幻觉，它依然如故。正如我在第一章通过维利里奥的工作概述的，这是其自体免疫疾病的核心。有趣的是，正如我在第二章已经讨论过的，我们也将在这里看到，在亚洲和欧洲的案例中，由于新加坡和荷兰经济在全球知识经济中的地位不同，对文艺复兴时期的人性化教育和学习的呼吁是如何以略有不同的方式出现；前者仍然因受到其后殖民主义和对欧洲和美国的关注而被破坏，后者则仍然执着于对其人文主义和启蒙成就的盲目夸大妄想，尤其是在殖民时代（荷兰语中仍经常被称为荷兰的"黄金时代"或"gouden eeuw"），其中科学从笛卡尔的哲学，到借助于墨卡托的地图学绘制世界地图，以及克里斯蒂安·惠更斯发明钟摆钟都取得了重大成就。但在亚洲和欧洲的所有这些尝试和斗争中，我们也可以看到大学项目中的"强制乐观主义"在起作用，其中对科学和人文领域不断革新的美好未来的持续希望，构成了当前全球经济中痛苦和绝望的另一面。正如我在第一章中所说，利奥塔不相信在人文学科中所谓的"缓慢"批判性、反思性或解释性思维与科学和工程领域的快速生产和创新之间建立过于简单的对立。人文学科的理想和价值观确实是大学的核心，因为它们也是在批判性工作中最明显地表现（和再现）学术界紧张局势加速的地方，也是教职员工和学生最直接体验到的地方。因此，对人文学科（以及所谓的基础科学）真实性的呼吁诉诸于大学理想的虚幻而不妥协的起源，这些理想恰恰成为当前新自由主义经济持续加速和负面影响的同谋。但在此情况下，我将在第三章中通过略微复杂化的方式进一步论证"卓越"在比尔·里德的著作中最终是一个空洞的概念。也许我在第二章中过于仓促地使用了此概念，这些疑难的加速也将扩大它们的偶然性，因此也可能预示着大学一个完全不同的、也许更公正的未来（或者可能是一个合理的结局）。

在我深入探讨更具体的荷兰和亚洲的例子之前，让我们首先关注一位欧洲作家关于两次世界大战之间大学改革的观点。奥特加·伊·加塞特的《大学的使命》最初似乎确实是一种富有同情心的尝试，为了"拯救"理想的欧洲（或者在本例中是西班牙）大学，使之摆脱他认为的在战争之间变得反常和不完善的体制。他在大学里发现的一些问题，在今天看来，似乎是我们熟悉的：过于强调科学研究而不重视良好的教学；一个缺乏方向和精神的懒散学生群体（除了仅仅取得好成绩或获得必修文凭）；以及通过讲授所有与"文化"及其传统和基础相关的知识来培养有能力、批判性和道德正直的公民的注意力正在下降。他最具独创性的主张是，科学知识当然可以是整个"文化"的一个方面，但科学研究——解决问题和质疑世界——应该与大学本身无关，因为它的主要使命是为人们成功地生活提供一种稳定的"方法"。为了支持这一主张，他有益地指出"方法"的词源（来自希腊语"μετα-όδος"）意味着"一条穿过树林的路"，因此有教养或开明的人的全部想法基本上包括给予他"理解之光"，从而"灌木丛立刻显得井然有序"（1944，74）。稍后，当讨论荷兰课程案例时，我将回到对"方法"的解释。无论如何，奥特加·伊·加塞特认为培养这样一个有教养和知识渊博的人的核心是来自欧洲大学的知识主体：物理学、生物学、历史学、社会学和哲学。但他也说，只有当它们不是以"研究"的形式出现时，它们才应该是教学的一部分。这只会让"困惑"回到课程中，让他在书中经常提到的"优秀普通"学生感到困惑（1944，1955）。他认为，只有围绕这一核心使命重组大学，使其成为共享文化基础的提供者，并且不对学生提出超出其能力或需求的要求，才能避免大学、学生和公民变得"不真实"。当然，我们可以立即认识到洪堡教化理想的吸引力（即使奥特加·伊·加塞特否认大学是为了"培养性格"），在于使"文化"成为大学的基础（1944，37）。然而，尽管洪堡的问题在于，他将大学的不利因素投射到了外部政治和据说是国内外所谓"无教养"的人身上，如果肯定不是以消极的方式，正如他最终在书的最后一章声称的那样，科学研究构成了欧洲启蒙运动理想的缩影——但奥特加·伊·加塞特部分地定位了当代科学和哲学研究本身的扭曲或混乱的根源。只要这一方面能够从中心使命和核心机构中清除出来，大学就可以重新成为权威，自信地介入民众的外部经济和文化"事务"，并给予适当的指导和方向（1944，89）。因此，即使奥特加·伊·加塞特在当前的大学中正确地识别出"乌托邦式妄想"，他仍然寻求通过怀旧地回归原始的欧洲"文化"来纠正这种状况；似乎这种文化——尤其是它对通过科学进步的信念——最终本身并不是这种错觉的核心（1944，85）。正如史蒂文·沃德提出的论点一样，我在第一章把它复杂化了。奥特加·伊·加塞特为人文学者提出了一个危险而诱人的命题，他们错误地想把投入"艰苦"科学研究的资金和支持视为他们的死敌，而忘记了研究、批判和创造力是科学叙事和哲学叙事的重要组成部分，正如我在同一章中通过利奥塔指出的那样。为了进一步阐明奥特加·伊·加塞特的立场，在现阶段提到他的作品《大学的使命》可能是有所助益的。它最初是1930年冬天为马德里的大学生联合会写的一篇演讲，首次发表的时间大约与海德格尔写他声名狼藉的弗莱堡演讲的时间相同。但是，尽管海德格尔的演讲避免提及法西斯主义的兴起，也未提及对他试图复兴其"理性共同体"的政治环境的任何忠诚或亏欠，奥特加·伊·加塞特明确地将自己与最近为了创建他的"文化共同体"而对"种族纯洁性和诸如此类的无稽之谈"的追求保持距离（1944，28）。尽管如此，我认为奥特加·伊·加塞特的文本可以在与工业技术的崛起密切相关的更宏大的法西斯主义背景下阅读，就像海德格尔的文本在某种意义上如出一辙，因此也可以作为一种呼吁，在许多方面预示着知识经济的到来，以及标志着利奥塔在《后现代状况》中敏锐地宣称欧洲解放和进步的宏大叙事的部分控制论上的消亡。

请允许我通过以更线性的方式阅读《大学的使命》的各章来详细阐述奥特加·伊·加塞特的非凡论点，因为这也将有助于为更清楚地指出透明度和资本主义经济主题之间的联系奠定基础，这些联系也在吉鲁克斯和阿罗诺维茨等批判性学者后来的怀旧作品中，以及那些对荷兰两所大学的内部运作持极端批判态度的人提出的一些要求中得到体现。这也将有助于更好地理解这所大学所处困境的加速逻辑，我认为这是对我目前工作的荷兰大学人文学科方法的过度强调。此外，这将有助于承认我自己的深度批判性阅读方法重塑了目前聘用我的荷兰大学对我所期望的关于知识生产的强制乐观主义，即使这种方法也批判了这种强制性。奥特加·伊·加塞特在第一章"温和的改革精神"中开始了他的使命，向学生们发表了一个挑衅性的演讲。他笼统地谈论"可疑的事业"和"难以令人信服的企业"，如果不一定是盲目的信仰，也可以通过适当的热情来缓解；由于他的书是关于大学的，我们可以推断，他是在暗示，为了让这个最终脆弱的机构继续运转，人们需要的不仅仅是让它顺其自然（1944，13）。在随后的几页中，他谈到了西班牙大学目前的"散漫"，必须让位于"冷静的激情"和"钢铁般的意志"，这样才能再次塑造西班牙的命运。具体来说，他声称："地平线是敞开的，许多伟大的事情将成为可能，其中包括一个新的国家和一所新的大学。很难再乐观了……在我看来，几乎每个人都惊慌失措看待的事件似乎是一副讽刺的面具，在其邪恶的外表下隐藏着真正有利的发展……今天西班牙人面前展现的地平线是宏伟壮丽的。"（1944，16）他进一步鼓动学生，提议这种辉煌反过来可以通过"劳动和自我牺牲"来实现（1944，17）。这里令人感兴趣的是，奥特加·伊·加塞特在今天发生的"邪恶"中发现了一个"伟大"的崛起，特别是通过围绕其主要文明任务重组大学来振兴国家。正如我上面提到的，虽然他明确地将自己与法西斯主义的种族政治隔离开来，但我们可以在这种邪恶和伟大的融合中，以及在对真正伟大的西班牙文化的呼吁中，不仅识别出当时典型的法西斯主义成分，同时也体现了欧洲大学使命中"黑暗"与"光明"的结合。正如我在第一章提议的，它的启蒙使命也是它通过经济和技术创新带来的暴力和负面影响，它过去参与殖民主义任务，现在通过军事任务，暴力传播民主和言论自由。事实上，在接下来的几页中，奥特加·伊·加塞特教促学生们进入"形式"，这意味着他们应该努力成为"紧凑、组织完善的团体，其中每个成员都知道其他人不会在关键时刻辜负他，这样整个身体就可以在不失去平衡的情况下迅速向任何方向移动……"（1944，21）。这种呼吁听起来无疑像是在训练一支军事队伍，我想以某种福柯的风格暗示，奥特加·伊·加塞特要求的大学扮演了一个"法西斯"的角色，因为它试图最终造就出墨守成规、纪律严明的年轻人，其中不幸的是"较大的质量越会压碎较小的"（1944，22）。

此第一章为其他章节定下了基调，即一旦"它所看到的目标明确、经过深思熟虑、令人信服，并达到形势所希望的程度"，以及"它的确切使命已经确定"，大学就可以重建（1944，22+27）。这里有趣的是，奥特加·伊·加塞特在很大程度上与学生群体一起瓦解了这个机构。这当然预示着弗莱雷和新加坡国立大学提出的所谓"以学生为中心的学习"

的要求，但在一所荷兰大学的案例中，某些学生积极分子提出的要求也得到了回报，我将在后面讨论。正如我在第二章中所说，这种要求最终是不真诚的，因为它错误地假设了学生群体的内在一致性，而且也隐藏了大学通过"学生解放"的叙事来满足社会经济要求的更阴险和隐蔽的方式。奥特加·伊·加塞特在第二章继续探讨大学的核心和真正使命是什么，并提出如果一个国家的大学是伟大的，那么它才会伟大。因此，他建议大学不仅应该面向精英，而且尤其应该面向"劳动者"，这样我们就可以开始"普及大学"，并向所有人传播其文明和解放的使命（1944，33）。他回顾了欧洲中世纪大学和文化的新定义，然后提出大学的核心是，而且应该是："……那个时代的人所拥有的关于世界和人类的思想体系……他的一贯信念成为他生存的有效指南……以关于宇宙的清晰而坚定的思想和关于事物本质的积极信念的形式穿过树林的'路径'。"这些思想的集合或系统，就是真正意义上的文化。（1944，37）这当然是对文化的精明定义。根据他的观点，这意味着职业培训和研究不应该是大学的核心，而应该只是文化的传播（而不是对文化的质疑）。他把以研究和职业为中心的"不真实"大学称为"悲剧性的时代错误"，它诞生于"自命不凡的19世纪大学"。尽管如此，他并没有讨论为什么大学会变成这种机构；我认为，他不可能试图将欧洲"文化"的这一方面从制度本身封闭起来，相信研究和质疑是进步和解放的；毕竟，谈论"重要思想体系"还必须包括任何文化信仰或知识的不稳定和非理性方面。正是出于这个原因，我认为，奥尔特加·加塞特试图在第四章和第五章中强调知识和研究之间的区别。在这两章中，他建议"了解并不意味着调查"（1944，61）和"整个科学领域不是文化，而是纯粹的科学技术"（1944，73）。我在这里要反驳的是，不可能决定这些实体之间的界限在哪里，因为正如我用利奥塔关于事实和想象的基本辩证纠纷的主张阐明的那样，这种"技术"是我们的文化，因为它也同样成为一种生活的"方法"。简而言之，他希望通过呼吁"文化"和"信念"来摆脱大学的内部紧张局势，就好像所有这些共同构成了一个连贯的"系统"，而事实上，它们并没有。此外，他哀叹"欧洲人"的方式——他的哀叹在他的文本中无处不在，尽管它本身高度性别化和精英化——已经变得支离破碎，并表现出对所谓的"整全人"时代的怀旧之情（1944，42）。他不仅摧毁了大学和学生团体；他还对民族和欧洲文化以及它所产生的全部知识体系的崩溃提出了质疑——对大学的不可能和无止境的渴望在这里以其全部的荣耀展现出来。更重要的是，如果今天占主导地位的文化本质上是对新自由主义经济学的坚定信仰，以此作为一切问题的答案，那么我们可以得出这样的结论：对"文化"的这种诉求实际上也同样构成了学术界的当代问题，因为它会通过对这个欧洲"整全人"的必要解放和远离而在机构内部遭到反噬。因此，当奥特加·伊·加塞特正确地断言"今天的大学是一种自我滥用，因为它本身就是一个谎言……大学试图成为的是一种妄想"，我们可以再次得出结论，大学总是已经包含了自己的错觉和衰落的种子（1944，44-45）。

第三章相当恰当地以"教育中的经济原则"为标题，间接地提出了在大学创造顺从的、有教养的公民的使命与当时的工业经济和今天的新自由主义经济之间建立联系的主张。在这一章中，他认为大学在教学中应该是"经济型"的，因为学生在 3~4 年的生活中最终能获得的东西是"稀缺的"，正如经济一般是从可用物品的稀缺中产生的一样。奥特加·伊·加塞特说，由于技术进步导致我们的经济日益复杂，教学活动作为一种传授可能的和有用的知识的活动应运而生，因此，尽管在"原始文化"中，仪式的教导仍然被秘密掩盖着，但我们生活在"新资本主义的全盛时期……我们在处理事物时重视开放，我们喜欢把事物剥光。当它们因此被剥光时，我们会把它们洗净再检查，看看它们在纯粹的自然世界中是什么"（1944，50-51）。因此，奥特加·伊·加塞特的文本在资本主义稀缺经济、对透明度的推动和对知识的渴望、课堂教学作为传播手段的理想以及新的工业技术之间建立了有趣但隐含的联系。事实上，我要强调，"原始教育"是"深奥而神秘的"，因为它发现自己处于一个完全不同的社会经济环境中；大学对完全透明的追求确实是这种原始教育的"对立面"，因为资本主义经济的逻辑和机制，来自学术界的经济院系，产生了对透明度的渴望，而不利于为了经济进步而保密（1944，52）。然而与此同时，这种欲望背后的压迫性政治和机制必须予以掩饰。事实上，奥特加·伊·加塞特从学生需求和用途的必然点出发，不仅掩盖了经济的作用和学生群体中的巨大多样性，而且还忘记了这种需求就像一些普通的欧洲"文化"一样，从来都不是中立的需求。为了"简单地"满足当前经济需求，还需要对这种需求提出疑问，并因此将研究引入教育学，因为学生群体的不同部分可能由于各种原因，根本不认同欧洲人的"重要思想体系"。接下来，让我深入探讨两个个人教学经验的范例，一个在亚洲，另一个在欧洲，以便通过德里达的工作来质疑这是否太容易满足学生的需求，成为经济需求的一面镜子。

第二节　暴力怀旧和伦理质疑

几年前，新加坡国立大学的媒体和传播项目发现有必要设立一个道德操守模块，我受邀创建并教授这个模块。鉴于我在第一章中概述的通信技术和学术加速之间的联系，这门课程在这一特定方案中成为必修课。毫不奇怪，日益复杂的媒体技术融入社会带来了许多新的伦理困境，而按照此观点学生应该被教导如何在他们大学毕业后的"真实"工作中处理这些困境和技术。这种争论当然不是这所大学独有的。从工业社会秩序向以新媒体技术为标志的社会的转变，导致学术界和其他教育机构关于道德准则教学的辩论和议程激增，并在许多方面遵循奥特加·伊·加塞特的呼吁，即通过只传授可能作为"方法"或路线图的文化和道德知识来教授学生他们需要知道的东西。例如，在乌得勒支大学，我目前任教的人文学院媒体和文化系试图通过回应外部访问委员会要求教学更加透明的建议来关注学生的需求。系里要求在模块教学大纲和学生论文中明确规定最终目标和方法，课程侧重于传授清晰的技能，而不是"晦涩的理论"。尽管这种提高透明度的尝试对学生来说似乎是善意和慷慨的，但它们最终将方法和技能与其基础理论（因此总是主观的）观点分离开来，就像奥特加·伊·加塞特暗示的那样，单纯的"路线图"教学最终是一件中立或积极的事情。正如其词源表明的那样，方法在奥特加·伊·加塞特看来是方便的路线图，但总是特定于某个理论传统，因此总是会因其局限性而受到质疑。此外，对方法的强调似乎源于对学生评价的混乱和部分主观性的恐惧，这种评价是基于某种传统中的主体间性师生关系，因此似乎是为了在后现代欧洲语境中消除利奥塔学派"伟大叙事的消亡"发出的"噪声"。因此，这种对方法的痴迷可以解释为类似于控制论和量化的冲击，它试图从这个控制论机器服务的更大的速度精英主义背景下，抑制整个大学辩证思维的复杂性。反过来，教职员工和学生的工作越来越像是一种最终不道德的自动化生产形式，以及越来越仓促的研究和写作——因为无视其对不平等的再现。例如，学生论文必须服从于标准化评估表格的要求。在这种评估表中，论文的关键方面以独立实体的形式呈现（例如，采用的方法需要表述明确，并与表格中的理论框架分开评估），导致了狭隘的"流水线"写作，仅仅是寻求"勾选方框"，而没有围绕修辞和观点的任何批判性或整体性的考虑。更令人不安的是，学生的论文撰写得更大胆或更具原创性，他们往往会受到惩罚，例如，当他们没有明确说明采用的写作方法时，即使管理层声称这种写作形式并非规定。

因此，这种可悲的做法让人想起对学生（以及讲师或导师）的"训练"和纪律约束，因为目标和方法的强制性透明导致了一种情况，即完全无视和不尊重教学中师生关系的结果如何能够并且永远不应该事先完全知晓，以便保持学生和教师从新自由主义经济的控制论强迫中进行深刻转变的场景。换句话说，如果教学场景希望尽可能友好和约定俗成，以便出现全新的理解（学生能够真正成长），模块目标必须保持部分隐晦和新潮，而这些方法也总是因其片面、主观（通常是欧洲男权主义的）理论基础和传统而受到质疑和解构。毕竟，"理论"一词源于希腊语"θεωρειν"，意即"剧院里的观众"，因此它不仅隐含着局部或主观的立场，而且意味着语境中主体间性的元素。因此，严格"方法"的表述是通过抹去非中立的理论基础而产生存疑的超越的一个特殊实例。因此，乌得勒支大学的教师考评委员会试图"消除教师和学生主体性的噪声"，并回应市场需求，但未能理解不仅这种主体间的"噪声"使教学、学习和教学交流成为可能，而且人文学科的主要"文化"传统上是一种质疑方法，批判所有形式的非中立自动化，以便招致一个完全不同的未来。因此，我在乌得勒支大学的监督和教学过程中，可以敏锐地感受到来自管理层（以及其他方面）围绕着这些教学要求中的困境的加速；越来越不确定的学生群体要求学习更清晰的"方法"和"技能"，而与此同时，这些学生中的一些人变得越来越自我怀疑，甚至表现出对大学的抵触，不确定如何正确理解他们自己的恐惧和疑虑，这是大学和讲师对他们提出不切实际的要求的逻辑产物。更重要的是，呈现透明的方法和目标，而忽略了其中潜在的争议，在许多情况下会产生矛盾的结果，使学生理解得更少，例如，他们在逻辑上不能理解为什么所有伟大的人文学科文本往往没有明确的方法部分，而他们在论文中却不得不把重点放在方法上。因此，这种完全透明的尝试最终对学生和教职员工造成伤害，即使它似乎尽职尽责地迎合了他们的需求和用途。

同样有趣的是，尽管在媒体研究中，回归理论传统的教学似乎是对痴迷于清晰方法和路线图的解毒剂，但在这种通过理论文化（但最终也主要是白人男性文化）重新思考教学场景的善意尝试中，这种困境的加速表现得更加强烈。为了克服对方法和最终目标的痴迷，我和乌得勒支大学的几个同事成立了一个工作组，重新思考学生评估和教学目标。我们的基本思路主要是一种更合适、更慷慨的教学和评估应该专注于人文学科的主要基础、理论和传统的教学上，如此，批判和质疑的伦理就可以像过去一样，在媒体和文化课程中预先确立起来。虽然这至少允许学生以批判的方式处理方法和文本，但问题是这样的修订是否仍然与怀旧和最终存疑的启蒙运动议程紧密联系在一起——尽管肯定比盲目追求客观模块的透明度和方法的自动化更适合学生和教员的主观差异性。因此，这种对（批判性）理论基础的怀旧也似乎是高等教育加速发展的共同产物，因为在更大的社会绝望中，它也表现出了两面性的学术乐观逻辑。更重要的是，批判的艺术也需要将各个方面区分开来——从左到右，从东到西，从新自由主义到自由主义——尽管如此，这种划分仍然彼此紧密纠缠并相互构成，因此技术条件使符号学和功能主义领域崩溃瓦解，但这种虚幻差异的模拟显现导致了它们的加速复制。因此，问题在于从观众的角度通过更仔细观察"戏剧性"来构思一种真正激进的质疑或批评形式，同时承认这种质疑本身也同样具有戏剧性。正是因为这个原因，例如，加里·热诺斯科在鲍德里亚的著作中提出了激进理论的问题，类似于如何在《理论戏剧》中构思"政治戏剧"一样。关于这个问题，在第五章有更多的论述。简而言之，我认为，在严格执行道德或方法论路线图的过程中，看到解决方案的辩论和议程几乎总是涉及如何教授一种反思形式，以应对信息时代的到来造成的道德混乱和所谓的"价值和方向的丧失"（符合奥特加·伊·加塞特对分裂的哀叹）；任何将大学教学植根于某种优越的欧洲文化和理论传统基础上的幻想，都有可能使其丧失他异性，因此它也必须质疑其自身的立场。这一点在我为新加坡的交流项目而设置的伦理课程中也变得很清晰，我现在将转向该课程。

在大多数全球亚洲大学里，新的伦理教学议程通常往往试图将所谓的伟大的欧洲道德哲学家——尤其是将亚里士多德、伊曼纽尔·康德和约翰·斯图尔特·穆勒的思想重新制定成规则和指导方针，即使这些"伟大的白人"有时也会与一些亚洲哲学家如孔子或老子混淆。更严重的是，许多新的辩论和议程典型地企图从管理和政府的角度致力于解决全球化社会的新自由化问题。但是，如果教授伦理学课程背后的当务之急仅仅是管理问题，即信息资本主义最新不稳定阶段的危机管理——那么以这种方式教授伦理学在多大程度上真的是全球资本需求的结果，进而导致其暴力的升级？事实上，许多另类思想家——尤其是亨利·吉鲁克斯和斯坦利·阿罗诺维茨——作为对大学伦理思维管理转变的回应，寻求在学术界重新点燃伦理和批判性思维的"真实精神"，认为这种精神应该与新自由主义脱节，应该更直接地关注社会正义。这些令人同情的观点声称，大学已经沦为以"政治和哲学的撤退"为典型特征的新自由主义转向的牺牲品，必须抵制这种去政治化。例如，朱迪斯·巴特勒在2000年出版的关于"伦理转向"的编辑文集中，对"伦理矛盾"中的这种"政治撤退"提出了一个明智而又充满激情的反对理由，正如尚塔尔·墨菲在 *Which Ethics for Democracy*？中说的那样。这些和其他此类思想家把学术界和其他行业中对伦理转向比作社会所有商品化领域中政治的撤退——这一撤退似乎标志着学术界质疑权力的可能性已经接近尾声，因此也标志着哲学的终结。有鉴于此，教授伦理学似乎是最早的大学应该体现的哲学承诺的最后喘息。

鉴于这种敌对议题的扩散，我想在本节中使围绕高等教育中伦理的辩论进一步复杂化。我将通过解决在当代大学艺术和社会科学部门翻译这些亟待重新制订的教学伦理中的关键问题来做到这一点，这可以说是后殖民全球知识企业的缩影。利用德里达对伊曼努尔·列维纳斯伦理学的深刻理解，我将宣称，当前关于高等教育中教授伦理学的辩论产生了德里达所说的"好客之道"的倍增。我认为这是一种可以识别学术界普遍存在的疑难逻辑的方法，因为在奥特加·伊·加塞特的文本中，它也作为一种令人压抑的精英号召而回归。由于"管理"的重新表述以及对恢复"真正的"批判思想的呼吁都在日益增长的紧迫感的标志下产生，我再次强调，这两种立场——正如我们在乌得勒支的"理论与方法"的讨论中看到的那样根本不是对立的。相反，这所亚洲大学内部以及媒体和传播伦理课堂内部的话语和冲突，以及围绕教学伦理辩论中的对立基调，真正指向了技术官僚新自由主义下两面性的政治加速。

我们当然能在当代大学的各种理由和术语中找到"政治撤退"的证据，因为在这些大学里，伦理学作为一种"方法"正视作课程的一个有效部分被复兴。新加坡国立大学图书馆中绝大多数关于伦理学的书籍和文章都属于（人力资源）管理、公共关系和专业传播领域——尤其是新的交流项目和商学院双学位的主要内容。除此之外，在过去的10年里，围绕"商业伦理"和"计算机伦理"的必要性，涌现了大量的著作。这些著作中的倾向是一次又一次隐含地（有时甚至公然地）强化了一种有问题的新自由化道德主义：强调的总是个人（而不是国家）责任、开放和高度中介的信息流，以及更高的效率和生产力上，所有这些都淹没在强大的技术工具主义的话语中。这些教科书和课程中的理念通常是为学生提供一套作为道德上绝对工具化的规则——因此康德、罗尔斯和穆勒在这些课程大纲中也占据主导地位。一些人甚至主张有必要建立一些世界通用的"全球伦理"。理想情况下，这些伦理应该通过所谓中立的全球连通性通信技术来传授。一个很好的例子是罗斯安·闰特发表的《再教育人类：课程全球化与新世纪的国际伦理教学》，载于最近出版的《教学伦理》第一卷。闰特认为，"需要一种新的全球化伦理"来对抗当前许多人感到的无力感，其中"熟练使用互联网以及信息和通信技术"应该实现新的全球意识和赋权（2006，340）。

这种无处不在的新自由主义话语，相当简单地将全球化和新媒体等同于所有人的进步和解放，回到了这所亚洲大学的目标和课程的重新制订中，这一点我在第二章已经提到过。2002年，该大学提出了新愿景，其口号是"建立全球知识企业，在教育、研究和创业之间建立协同效应"。徽章上的三个彩色圆环取自一所古老的殖民地大学，代表创造、传授和应用知识，被重新设计成"创造力、创新和创业精神"。该大学的教学发展中心在过去几年里开设了新教师必修的课程，这些课程反过来又试图通过相对较新的制度要求来同化和激励教师。这些课程同样非常强调所谓的协作小组学习。在这种学习中，教师成为"小组过程的管理者"，学生学习独立思考、主动性和"21世纪全球劳动力所必需的软技能"。正如我在第二章中深入讨论的那样，新媒体的使用在这一愿景中被强烈地推动，导致越来越多的资金流向新的领域，如媒体和通信、科学、技术和社会、交互式数字媒体、计算应用和工程学。一位前工程学院院长在几年前的公开演讲中保证，这种教学形式不仅仅是为了迎合动荡的市场，在他看来，这确实是"应该做的有德之举"。在仔细审视这所大学的历史中，该校这种新的新自由主义理念似乎是其早期殖民和冷战遗产以及地方民族主义和种族间政治的愉快融合，反过来又构成了一个新的"全球本土化"—本地和世界性—精英阶层，他们在交流资本主义的话语和基础设施上蓬勃发展。这所特殊的亚洲大学是从莱佛士医学院等早期殖民教学机构中诞生的，后来在本世纪出现了高度政治化的分裂，有效地压制了前艺术和社会科学学院中高度流行的共产主义声音。"道德而明智使用我们的新工具"就等于确保资本生产和积累尽可能不受阻碍。这正是一些新自由主义的批评者，如约翰·阿米蒂奇和琼·罗伯茨所说的新自由主义的"噪音消除"。我以荷兰乌特勒支大学为例，间接提到了这一点，并以透明交流的人类乌托邦为基础，维利里奥认为这是一种深刻无知的根源。在 *Chronotopia* 中，阿米蒂奇和罗伯茨同样描绘了这种乌托邦式的交流目前是如何运作，以利于他们所说的"全球动态精英"——一种高度富裕的世界性精英，其霸权建立在即时性、连通性、流动性和超越性的话语和技术之上，类似于我在第一章中说的"速度精英"。

在最近的许多大学伦理学课程中，似乎与相当明显的独裁和管理的新自由主义道德主义背道而驰的是一系列更有前途和富有同情心的教学实践，反而冠之"以学生为中心的教育学"或"自我导向的学习"。这里的目标不是用一种自上而下的方式向学生灌输一种新的全球道德观，而是促进"创造性"和"批判性思维"。准确地说，就弗莱雷的观点而言，是通过鼓励学生表达和探索他们的想法，自下而上地赋予他们权力。这里的老师应该从课堂场景中"消失"，以便让学生尽可能多地表达自己。虽然这种新方法总是善意的，而且常常明确地反自由主义，但我已经在第二章中提出过这种看似慷慨的教学方法只是新自由主义道德主义教育的另一面。这一主张与这所亚洲大学著名的青年精英学者项目中广泛使用这种教学形式来培养新精英的事实相一致。在教学中心，我之前谈到的小组学习策略被教师们认为具有学生"在学习过程中拥有更多权力和自由"的优势，这显然与其同时强调老师是"管理者"的观点相矛盾。同样，这种以学生为中心的学习方法是有问题的，因为对学生的权威和权威框架的否定实际上是对课堂和更大的社会权力关系的模糊，只能导致不均衡的师生和学生间关系的隐性重复。有鉴于此，正如我在第二章中建议的，弗莱雷的《被压迫者教育学》主张自下而上的批判性学习。在过去的几十年里，它在许多以技术为导向的北美大学里找到了如此热切的读者，这也许并不奇怪。毕竟，"通过新技术实现个人自由和赋权"的理想是典型的美国教学和研究议程。自我导向学习，无论乍一看多么有前途，都会导致教师不负责任地重复机构性的和更大的权力结构；而政治至少以公开的形式再次退出课堂。

面对这些令人不安的关于这所亚洲大学教学伦理的指令，作为一名教师，我面临的主要问题正是社会各领域对新自由化的强烈反应。在一个不断变化的全球知识企业中，以一种更负责任的方式教授伦理学，而不是简单地将其教学方法简化为新自由主义的要求，又会如何呢？从教学的角度来看，对于这种"政治撤退"及其在当代技术和新自由主义暴力中的共谋，伦理上的反应可能是什么？认真对待这次撤退的明显现实，使我和其他许多人提出了充满末世绝望的要求：质疑和批判的伦理，因为它关注的是正义而不是经济，今天再次成为大学的基础。利用雷丁斯在《废墟中的大学》里的名言"会计之外的责任"来作为斯坦利·阿罗诺维茨和亨利·吉鲁克斯对新自由主义大学的热情批判是这种要求的一个极好的例子。在《企业大学与教育政治》一书中，阿罗诺维茨和吉鲁克斯哀叹美国的高等教育和商业需求日益交织在一起。相反，他们坚持认为大学应该继续是一个为民主服务的"自治领域"，因此维护的不是市场价值，而是"正义、自由和平等"的民主价值（2000，85）。有鉴于此，他们主张"在高等教育的核心"复兴批判性思维，以使大学保持"伦理上合法的机构"，即使只是"在意图的层面上"（2000，101）。吉鲁克斯和科斯塔斯·默西亚德斯的《超越企业大学》反过来汇集了一些观点，探讨如何通过将正义和民主的概念移植到高等教育课堂的伦理教学实践中，来转化这种对企业化的抵制。在本卷中，吉鲁克斯的《导言：批判性教育或培训》一开始就引用了科尼利厄斯·卡斯托里亚迪斯关于民主必要性的一段趣谈——这是一个希腊术语，指的是一种特定类型的教学，我稍后会谈到。吉鲁克斯在这里有力地论证了新自由主义正在破坏高等教育的真正目的及其作为"道德和政治实践"的原始教学法，其中质疑的伦理是其核心（2001，1）。吉鲁克斯说，教育不应该简单地成为服务于创业和企业使命的去政治化培训，而必须通过恢复批判性思维和意识，并将教学实践与当地和全球背景下对正义的呼吁联系起来，使其"更具政治性"（2001，9）。在《企业对高等教育的战争》中，吉鲁克斯再次提出了同样的论点，提醒我们面对大学在当代许多暴力事件中的同谋，抵制大学新自由化的紧迫性仍在持续。

在同一卷中，罗杰·西蒙的《大学：思考的地方？》提出了这样一个问题：由新自由主义重组的大学在多大程度上仍然是一个"思考的地方"，以及当代学者对其思维实践的辩护可能如何反映加拿大局势中的新自由主义逻辑。换句话说，西蒙恰当地从这样一个观点开始，即一个机构中可能的思维模式是该机构主导功能的症状，对某些思想的学术承诺成为富有成效的专业"借口"，这反过来标志着高等教育与新自由主义的共谋。西蒙发现基于"服务型"大学理念的教学借口，为社会提供增加效率的工具，为学生提供可销售的技能，并将大学视为"文化中心"，确保社会的辩论、创造力、活跃度和政治辩论。西蒙声称，所有这些合理性都将"教育视为一种救赎的承诺"（2001，51），这就给此种教育带来了问题。这是因为教学场景的这种约定俗成的特征反过来又与课程的结构有关，因此"在我们约定俗成的实践中，一些珍贵的东西丢失了"。西蒙说，为了重新获得这种"失去的"品质，我们应该把大学看作是"更为紧迫的事务"，"应该保留"大学的主要品质，即"思想"是人与人之间通过积极的交流发生的事情"（2001，52）。根据西蒙的观点，只有这样才会产生特定的不对称义务，即教学场景本质上是一个"正义而不是真理的领域"。然而问题是，像海德格尔的情况那样，对这种思考的呼唤，其本身不也包裹在一个最终有问题的思想形象中吗？

第三节　正义的伦理学和教育学：新自由主义解毒剂？

这些对大学教育的伦理重新概念化，对于任何在某种程度上违背新自由主义简单管理愿望的伦理课程的深思熟虑的设计，当然是值得同情和有益的，尽管上述文章主要是指美国的背景。事实上，新加坡大学已逐步向北美高等教育体系靠拢，推行基于更高学期费用的模式，引入所谓正态曲线的学生评分以及研究和教学奖金，并为研究生插入了必修模块和辅导，以努力使学习更具技能性和职业性。当然，这种对正义而非经济的呼唤，将伦理思想从单纯的经济审议中引向别处，似乎是成功对抗或颠覆有问题的新自由化问题的必由之路。显然，如果我认真对待自己的学术责任，像吉鲁克斯、西蒙和阿罗诺维茨建议的那样，抵制或放弃新自由主义的直接共谋，以教学的形式，通过管理规则培养学生成为"好的"和有生产力的公民，这将是我作为一名伦理学教师的职责。但为了提出一个有效的替代方案，接下来最重要的是考虑基于"正义"概念本身基础上的教学责任的特殊性。换句话说，我和我那些来自美国的激进教师对"正义"的概念可能更为棘手。为了更好地把握基于"正义"的伦理学课程在全球知识企业中可能具有的功能，以及这种对正义的责任如何与全球化相纠葛，让我首先再次转向雷丁斯关于大学在新自由主义环境中的作用的著作，之后我将求助于德里达以理解教授伦理学的教学场景。在 *Theory after Theory*，*Institutional Questions* 一书中，比尔·雷丁斯认为，今天的大学以"卓越"的理念为标志，而非文化或理性，导致大学主要服务于技术官僚资本主义。新加坡国立大学以"卓越的研究和教学"为荣，前校长施先生也经常把"全球卓越"作为该校的主要关注点。雷丁斯声称，"卓越"的概念对新自由主义是有益的，因为它是"非参照性的，是一个完全在系统内部的价值单位，仅仅标志着技术自我反思的时刻"。大学要求的仅仅是"活动的开展"（1997，23）。这种非参照性的卓越品质导致大学仅仅作为与之相关的新技术的镜像而存在，作为"资本的自我认知点，资本不仅管理风险和多样性，而且能够从管理中获取剩余价值"（1997，24）。换言之，据雷丁斯所说，卓越并不局限于任何特定类型的内容，因此对于"信息的生产和处理"的资本主义逻辑极为有用，因为它允许"多样性而不威胁系统的统一性"（2001，23）。此外，由于向卓越的转变，构建大学的权力中心不再仅仅单一地是民族国家。所以，仅仅把大学作为一个培养民族文化和国家精英的机构来批判是不够的。

雷丁斯说，这所卓越大学的另一个有趣之处在于，它的当代存在实际上是"文化"和"理性"的废墟，指向后结构主义的洞察力，即"思想不能自我呈现"（1997，29），即使吉鲁克斯、西蒙，甚至这本书，都通过戏剧化的思想表演来履行学术责任。换言之，它说明了（批判性的）行动和思想的完全自主是一个神话，因为"废墟中的大学"所遭受的历史境遇削弱了一个具有普遍文化和理性的，一个独立于社会结构和力量的大学，或者是一个隐藏着最终真相的"象牙塔"的理念。因此，试图复兴批判思想的积极自主性的想法，将是对启蒙运动的完全自我意识、透明度和客观理想的重新定位——对"失落的文化"的一种成问题的怀旧，或同样有困难地"建立一个勇敢新世界的行动"（1997，31）。事实上，我认为雷丁斯连续给"保守主义"和"进步的现代主义"贴上标签的这两个动作本质上是相同的，因为此"勇敢的新世界"的乌托邦愿景怀旧地援引了这个"失落的文化"作为它自己的起源，正如奥特加·伊·加塞特在西班牙的案例中试图做的那样。

虽然我在很大程度上同意雷丁斯的论点，但他的推理还是出现了异常的漏洞。这种下滑表现在他称今天的大学为"废墟"，这表明大学的地位和结构以前更加静态和稳固——如果你愿意的话，会引起一种逆向怀旧。我认为，雷丁斯的主张意味着"卓越"仍然与大学先前的"文化"和"理性"理想相关联，因此（也是）它的倡导者，这些理想实际上主要是为民族国家服务的。但今天，我建议这样的理想更适合为速度精英服务。因此，雷丁斯声称文化和理性是"参照性的"，而"卓越"致使知识生产是"非参照性"的，这在某种程度上并不意味着文化和理性的大学与卓越的大学之间没有完全的决裂。雷丁斯认为大学的废墟标志着一所完全自成一体的大学是不可能存在的观点与他的平行论点相矛盾，即新自由主义大学现在完全是自我参照，并且与它已经成为一种症状和再现的技术官僚结构完全相同。换句话说，雷丁斯认为大学的结构过于稳定，因为他在某种程度上试图确立自己对大学和新自由主义之间关系分析的权威。因此，我认为卓越大学的功能——一个成功地将其转变为另一个跨国公司的大学——依赖于大学作为文化和理性的部分重复，以及它最初追求普遍真理、正义和知识的幻想。因此，奥特加·伊·加塞特在他的《使命》中实现了知识和真理并存的原创大学的幻想，我们作为学者通常都希望对此负责。这种幻想促进了信息生产的强化——就仿佛信息仍然是知识和文化一样。因此，雷丁斯的批判，以及我的批判，都因此种幻想成为可能。

这个"生产性问题"是大学的基础，我们可以得出结论，去政治化的论点是不正确的，或者充其量是不完整的，可以通过德里达在 *The Future of the Profession or the University without Condition* 一书中对学术职业的分析作出最佳说明。德里达在这里描述了任何意识形态的再生力量如何存在于对其自身内部不可解决的矛盾的持续压制中。这种压制是通过对某种信仰体系的隐性或显性的信仰声明来实现的，这实际上使这种信仰体系普遍化，以便学术主体一次又一次地自我实现。德里达指出"职业"这一概念，以及我们作为"激进的"教育者，每当我们在课堂上为人类的正义和平等而大张旗鼓地行动或发言时，就不能不致力于一个历史和文化上有限的制度化的观点，重构和重新解释了作为学术教学实践基础的人文主义信仰——及其"文化"和"理性"的概念。德里达通过明确表示他对学术人文科学的忠诚来证明这一点，因为它是建立在"无条件的质疑和主张的自由"这一"解放"概念基础之上（2002，24）。他对人文学科的推崇，通过在质疑的实践中坚持首要价值，同时开启了质疑人文学科无条件性（质疑）的可能性。这是因为问题及其假设的无条件性都是建立在构建人文主义启蒙理想的基础之上，而这反过来又必然塑造了其形式和制度实践。

因此，无条件质疑这一观念的产生必然是高度条件化情境的结果。全球知识企业似乎正是如此——事实上，欧洲和亚洲的当代大学比以往任何时候都充斥紧张的场所和时刻。德里达对伊曼努尔·列维纳斯的解读也包含了类似的推理逻辑——后者是另一位伦理哲学大师，他实际上很少出现在各种各样的伦理学新课程中。德里达在《暴力和形而上学》（*Violence and Metaphysics*）中对列维纳斯关于伦理思想的讨论特别有用，因为它可以帮助我们更深入地理解潜藏在明显的同情需求之下的复杂性，这些需求涉及吉鲁克斯、阿罗诺维茨、西蒙和我提出的伦理、职业责任和教育禁令。在《暴力和形而上学》（*Violence and Metaphysics*）中，德里达首先揭示了列维纳斯是如何通过履行哲学家的职责，批判经验主义的普遍主义主张，来恢复某种有问题的经验主义。但更重要的是，德里达接着将列维纳斯作为形而上学批判基础的尽职举动加以放大，其中列维纳斯通过"关注他者的伦理"来寻求形而上学，以开启可能的"完全他者的破裂"。德里达自觉地将列维纳斯的姿态加倍，从而履行这种职责的人文特殊性。这使得陷入双重困境的列维纳斯在伦理独特性和经验普遍性的论证之间不断犹豫不决。

从德里达对列维纳斯的解读中出现的教学伦理（和教学伦理失范）中固有的矛盾，以及我在本文开头所举例子中提到的对抗性命令——一个人不应该独裁，一个人不应该否认权威——这正是对当前大学热情好客困境的回归和不断的技术复制。有趣的是，德里达在他后来的《告别列维纳斯》（*Adieu to Emmanuel Levinas*）中广泛探讨了好客的话题，他指出列维纳斯的《总体与无限》（*Totality and Infinity*）为我们提供了"一部关于好客的巨著"（1999，21）。虽然列维纳斯并没有谈论好客本身，但德里达认为，列维纳斯试图思考伦理学的方式揭示了好客问题一种典型的持续痛苦。这种痛苦源于邀请对方的同时，必须为这种邀请建立必要条件。这个难题以德里达自己的痛苦回归到如何以一种对他（和这些潜在的读者）公平的方式来对待和哀悼列维纳斯（以及他的观众和潜在的读者）——事实上，他提到了"篡夺的危险"，这是他阅读和哀悼列维纳斯的基础。德里达的阅读是慷慨的，因为在列维纳斯试图将其关于伦理学的主张（作为他者的伦理学和作为法律的伦理学）普遍化的时刻，可以解读到的痛苦是友好的。他在《友谊的政治》中追溯了这种担忧，认为这一担忧一直困扰着亚里士多德《尼各马可伦理学》中的友谊概念。事实上，正是对痛苦的承认使干预成为可能，因为是对好客困境的不断掩盖使伦理思想成为可能。德里达在这个正义问题和教师职业之间建立了直接的联系，当他纪念列维纳斯时，他毫不犹豫地描绘了掌握和欢迎之间的紧张关系。他是"一位大师，他从未把他的教学与奇怪和困难的教学思想分开——一个以欢迎为形象的权威教学，一种伦理中断了生育的哲学传统并挫败了大师假装在助产士形象后面抹去自己的诡计"（1999，17）。这种模棱两可或紧张确实回到了"教学"这个词的真正含义上：指导、倡导、诱导、使能。"teaching"这个日耳曼词根的意思是"展示"，它促使我们教师思考我们"展示"的方式——我们如何行使我们的权威。类似地，"教育学"一词与"pederasy"和"pedanty"有一个共同的词根——（一个男人）教学和可爱的男孩——但在希腊语中，"παιδαγωγος"也表示一个引导孩子上学的奴隶。作为一名伦理学和批判理论的教师，我和我的学生都含糊地"受制于"我的权威表现，这是由一种特殊的"欧洲"人文主义传统——"邀请对话和思考"促成的。

第四节　慷慨教育的方法批判

德里达在《职业的未来》（*The Future of the Profession*）和《告别列维纳斯》（*Adieu to Emmanuel Levinas*）中通过无条件的质疑和批判表现其进步的人文主义信仰，表明这种表现依赖于有条件情境下的话语和制度约束。这意味着人文主义的项目从根本上说是不可完成的，雷丁斯确实在《理论之后》（*Theory after Theory*）一书中呼应了这一见解，说"现代主义的自治和普遍的可交流性项目从根本上说是不完整的……任何知识都不能使我们免于思考"（1997，31）。雷丁斯反过来认为，人们应该通过提出"放弃对政治行动的宗教态度"（1997，29）来避免怀旧和对进步的叙述。但我想插一句，雷丁斯的后一种说法又一次自相矛盾，因为这种要求放弃的呼吁本身是由对政治行动的某种"宗教"态度激发的。这在本质上是通过将思想付诸实践来呼吁正义，正如雷丁斯巧妙地做到这点。思想（或理论）在这里确实表现为无休止的"他者的声音，没有第三个术语，如'文化'，可以辩证地解决"（1997，30）。尽管这是思想寄托的邀请，它也必须重复。因此，人们不能简单地将（批判性的）思想概念化为激进的，或者像西蒙和吉鲁克斯寻求的那样，将这种思想从同谋思想中分离出来。

事实上，雷丁斯本身无意中表明，无论一个人选择何种实践，他确实不能将自己的遗产包含在内。雷丁斯的批判本身通过与其他声音和他的听众建立对话，并通过思考大学的问题，精确地重复了理性和文化大学的理念，以及它对"正义"的忠诚。雷丁斯关于学术"异议社区"（1997，31）的观点并不能替代新自由主义对话和统一的学术幻想，因为异议和差异恰恰是大学促进对话和统一所需的要素，反之亦然。因此，雷丁斯对不同意见的坚持也有助于追求"卓越"和新自由主义的知识生产。事实上，人们可以将雷丁斯的立场与柏拉图的苏格拉底式的辩证教学和探究模式进行比较，后者反过来启发了启蒙运动后的西方教育。在西方教育中，教师对不同的、有时是不相容立场的引述和讨论将导致（希腊男学生）取得卓越的成就。因此，雷丁斯重复了同一所大学的幻想，该幻想通过"卓越"的概念以及宣称其根深蒂固的观念与新自由主义沆瀣一气。大学统一的幻想（无论是欧洲中心主义还是新自由主义）正是而且总是如此——既有问题又有成效。而这同样的幻想，在其所有的同谋中，则默认地使我的伦理学课，以及我通过诉诸欧洲理论传统对方法的批判成为可能，因为它唤起了对质疑权威结构和发掘其困惑的类似坚持或信任。雷丁斯论点的失误是任何以正义之名批评技术官僚新自由主义的必要失误——包括我在这里提出的批评。

对培养一个更加国际化和更有教养的公民的需求，以及对卓越的执着，在新加坡国立大学两位校长身上表现得淋漓尽致，我在第二章详细讨论了这一点。事实上，校长们的呼吁与我履行"负责任"教学的职责惊人地相似。以质疑为正义的学术职业，一所"有使命的大学"传授"共同价值观"的统一幻想，以及它背后的紧张关系，无意中动摇了我在课堂上的权威。实际上，我还试图在媒体和传播课程中教授另一种伦理学。在这方面，施校长在他的演讲中找到了在人文学科中形成共同价值观的可能性时刻，并敦促人文学科与科学采取"跨学科的方法"（2007，8）——这是该交流项目的标志。乌得勒支大学最近的主题同样也是呼吁跨学科，敦促人文学者与科学合作。此外，新加坡的媒体伦理课程在很大程度上依赖于传播批判理论，以及面对新自由主义时女权主义、马克思主义和反种族主义政治范式的重现。遗憾的是，新加坡的大学显然认同我的白人身份——这一权威直接体现在我的"欧洲特质"，据说这让我更容易获得对大陆哲学经典文本的"恰当解释"。毫无疑问，欧洲关于权力、异议和对话的人文主义思想和哲学——奥特加·伊·加塞特对"文化"这一模糊术语认同的核心——已经成为（教学）伦理学围绕的核心概念。我的一些学生确实间接地谈到了这种关于（讨论）性别歧视和种族主义新自由主义权力客观存在的假设是如何为该模块奠定基础的。正如我之前所讨论的，一些学生还观察到伦理学模块背后的基本原理并不是直接适用的知识和技能，而本质上是一种"品格塑造"。他们意识到，这可能有助于他们作为政治家或企业家的后学术生涯。尽管这些回应扰乱了我的教学，但我仍然相信，这种对批判理论的反驳可能会使我和学生的制度同谋超越当代伦理思想和行为的局限。根据德里达对列维纳斯的解读，我认为正是这条无法驾驭的通向极端的不可理解和好客的航线，才是伦理学的核心——为新加坡国立大学教务处那些试图通过将课程锚定在综合考试中来管理自己道德恐慌的人，或者荷兰教师管理部门通过强调目标和方法来引入一种虚假和苛刻的"严谨"的人定步调。当然，所有这些都反映了奥特加·伊·加塞特试图将他的"文化大学"建立在一个最终虚幻地稳定和连贯的欧洲知识体系中。最终，奥特加·伊·加塞特对学生群体能力的定义同样不够宽泛，因为它只是试图在一个假定封闭的知识体系中不假思索地教授"普通学生"，从而将教学转化为符合"欧洲体系"的理念（如果有这样一个实体的话）。

慷慨的教育，就像所有热情好客的交流一样，总是同时涉及命令和命令的撤回。由于无法最终确定其权威的结构性条件，其权威始终是有争议和可见的。同样，为了打开批判权威的可能性，人们需要立足于批判的权威和概念之中。这种权威是不稳定的，因为它在文化和历史上是特定于某种"欧洲"人文科学及其富有成效的真理和正义乌托邦，因此它本身也是排斥性的和潜在的暴力。这里可能有兴趣指出希腊语"ηθος"意为"习俗""存在的地方"或"社区的精神"，而这反过来又是"ηθικη τηχνη"，或"道德的艺术"的基础。一个人文主义的"质疑伦理"必须首先进行质疑，同时重复这种道德的习俗（其规则、规定、形式、边界和把关机制的历史和制度化）。换句话说，我质疑自身的伦理教育学不能不承认这样一种信念，即尝试沟通比沉默更可取，而且不能不假设制度和新自由主义权力配置的相对结构完整性，这些结构允许它公开竞争，并让学生和教师首先意识到权力。教育责任的问题将我们引向质疑主权及其传播主体的基本神话，正如雷丁暗示的那样，这是学术机构及其所有当代形式的核心。对列维纳斯和德里达来说，向激进的他者敞开大门既构成且潜在地违反与实际他者的任何道德关系，也意味着对最终确定任何形而上学主张的犹豫。那么对于一所"原始"大学的浪漫和怀旧的需求，以及缺乏力量的"纯粹"批判概念也必然意味着形而上学的回归。就像吉鲁克斯和西蒙试图通过重新的哲学探索来重申"原始的学术伦理"一样，新自由主义全球化中伦理学教学的当代同谋是可以克服的。但这种末世论的要求本身会回应一种特定的道德召唤，这种召唤不可避免地排除了与"其他人"面对面的可能性。正如德里达在《暴力与形而上学》（*Violence and Metaphysics*）中指出的那样，某种末世论一直是哲学的核心。正如我们在海德格尔案例中看到的那样，哲学消亡的叙事恰恰是赋予哲学新的生命。

正是这种不可避免的下滑，人们对待客之道的困惑变得支离破碎和成倍增长——此时此刻，我们在面对新自由主义时，着眼于批判性思维和质疑伦理学教学的正当性，有效但有问题地掩盖了人文主义的困境——这就产生了吉鲁克斯、阿罗诺维茨和西蒙提出的关于挽救"真正公正的高等教育理念"的怀旧呼吁。佳亚特里·斯皮瓦克在 *Teaching for the Times* 中恰当地暗示，在新自由主义下，"资本主义正作为民主重新被领土化"（1995，177），使得左翼的多元文化主义和多样性理想成为全球右翼金融化的同谋。事实上，新自由主义自成立以来就使左翼和右翼之间的明显区别（如果有的话）复杂化了，我们可以在许多当代政治舞台和辩论中看到这种融合的证据，比如现在臭名昭著的荷兰裔美国"右翼"利用阿扬·赫尔西·阿里的"自由女权主义"政治来达到仇视伊斯兰教和宣扬民族主义的目的。新自由主义中民主理想的这一同谋也在围绕什么应该是大学指导思想的辩论中发挥作用，这种同谋同时标志着在大学教学中重新表述正义和责任的潜力和问题。吉鲁克斯和阿罗诺维茨热情洋溢地主张大学保持"民主"和"自治"，从而不受经济或社会影响，重复了大学作为客观真理可能发生的先验场所的不确定幻想。但正是这种幻想证明，新自由主义大学作为一个中立或进步的机构，其合法性是为了全人类的"利益"。此外，它还将古老的大学浪漫化，认为它有效地帮助社会变得更加公正，完全忘却了以前基于文化和理性的西方大学结构的精英主义、民族主义和排外主义形式。此外，吉鲁克斯在仅仅作为训练的教学和作为思考的教学之间形成的对立是有问题的。能够批判性地"思考"就需要在某些技能上进行同样多的训练，这种训练的局限性也是新自由主义事业的一部分，正如我们在乌得勒支重新调整"理论"教学的尝试表明的那样。最后，西蒙在他对教学场景的所有谴责中，忘记了他对大学的"宝贵思想"的援引是在履行和宣称同样的承诺。他号召恢复"大学的核心理念……以关系思维的方式在一起"（2001，53），正是为了负责任地保持大学在文化上特有的"正义承诺"的生命力。简单地认为大学是"新兴的"并不能免除教育界与新自由主义的同谋——事实上，大学总是一个不稳定的结构。这就是为什么教学是约定俗成的——在重复质疑权威的同时，人们希望热情好客的思想能够出现，从而产生一种意识，使世界变得更加"公正"。然而，这种结构性重复既是不公正的，也是潜在的暴力。

最后一个例子是，在荷兰最近发生的反对高等教育新自由化的令人同情的抗议活动中，大学某些核心理念的重复问题也非常突出。2015 年初春，阿姆斯特丹大学（University of Amsterdam，荷兰语 Universiteit van Amsterdam，UvA）人文学院的一些员工，尤其是学生，决定举行罢工，反对他们认为的荷兰高等教育持续而阴险的市场化。这些抗议的直接原因是各种著名的语言和文化部门即将关闭，但很快，抗议就超出了最初的关注，成为对大学管理实践的普遍批评。其中一些抗议后来在乌得勒支大学也站稳了脚跟，尽管在之后的情况，这些抗议规模较小，并非以占领主要大学建筑为标志。在阿姆斯特丹的案例中，学生们设法占据了本吉伊斯和马格登豪斯——阿姆斯特丹市中心非常显眼的历史建筑，也是行政机构的一部分。这次占领除了使用反对新自由主义全球化的著名占领运动的一些策略外，还再现了 20 世纪 60 年代末阿姆斯特丹学生抗议活动的场景，他们呼吁通过占领马格登豪斯大学来增加学生在大学决策中的代表性。在 2015 年春季占领期间，学生和教职员工抗议者向院长和执行委员会（荷兰语为"College van Bestuur"）提交了一份《反思 UvA》声明，紧急呼吁在大学中加强"民主、代表性、透明度、问责制和放权"，因为他们认为这些是"运作良好的大学和教职员工的指导原则"（2015，1）。他们呼应了弗莱雷和奥特加·伊·加塞特提出的一些观点，号召成立一个由师生员工组成的教师委员会，其拥有强大权利并有可能选举院长。他们认为"大学应该……自下而上地自治"（2015，2）。然而，正如我在第一章中通过德里达的著作指出的那样，我建议在没有任何其他指导原则的情况下，在座的善意的学生依赖过于迅速地放弃通常关于大学理想主义的口号，因此无意中暗示他们的抗议会加速大学内部的紧张局势，并冒着这种理想进一步破灭的危险。除了通过对完全透明的迫切要求来重复全部知识的梦想外，学生们还梦想着对"学生"群体的全面再现，从而忘记了这些愿望不仅是在新自由主义的技术环境中产生的，而这种技术正是旨在使大学的内部工作透明化，也忘记了在这个所谓连贯的学生群体内部可能存在强烈的矛盾和分歧。例如，"全国学生调查"就是荷兰如何对学生实行这种透明度的一个例子。来自荷兰所有课程的学生可以填写一份在线问卷，该问卷经过整理后转化为该课程的"分数"。然而，这种对方案质量的量化恰恰落入了通过一种看似客观的量化来追求完全透明的陷阱，因为这种量化最终隐藏的（其内部机制和之前的政治议程）比它揭示的要多得多。最终，学生们对权力下放的要求也表明，将权力分散到各种网络节点的新自由主义逻辑实际上相当于巩固了一种越来越隐蔽的权力。此外，它还体现了大学核心的自体免疫疾病，即通过成绩和正态曲线实施的有问题的社会分类形式卷土重来——也许这是正确的——对大学本身产生了影响。

彼得·维姆·祖伊德霍夫在《走向后新自由主义大学：抗议与共谋》（*Towards a Post-Neoliberal University：Protest and Complicity*）中富有洞察力地反思了荷兰学生的抗议活动，他提请注意新自由主义逻辑的这种模糊性，声称它给学生和学术界带来了问题和机会。他提到的一个例子是荷兰文科学院的兴起，这是"新自由主义理性剥削特征的缩影"，也"恢复了自由教育的一些价值观"（2015，54）。祖伊德霍夫在这里声称，荷兰大学学生的尝试是"勇敢的"，但也许错过了反思这一事实的机会，即我们在某种程度上都参与了他们的新自由化，因此对政府或政府的"全面反对"可能会产生误导（2015，49-50）。他认为，大学的新自由化在荷兰的背景下根本不是国家的退缩（顺便说一句，就像新加坡的情况一样），而事实上是由国家管理。然而，他说，国家通过实施"市场技术和理性主义"，已经"解构了大学的洪堡式理想，创造了一个新自由主义的怪物"（2015，52）。根据他的说法，尽管发生了金融危机，这种"怪物"仍然存在，因为新自由主义的"理性似乎寄生在其他社会形态上"（2015，53）。但是，即使祖伊德霍夫正确地警告不要过于简单化地把洪堡大学怀念为"追求自由价值知识的学者和学生的共同体"，但他并没有把他对共谋的分析延伸到促进大学人文和自由目标加速的实际铰链上，这确实可以在文科学院双面建模中得到认可（2015，50）。我认为，新自由主义是在危机和随后不断出现的"反对"景象的基础上蓬勃发展，这是对自由主义价值观的重申。谈论新自由主义对大学的"解构"是恰当的，因为自由主义理想得到了再现和加速，因此，大学有效地将自身解构为其核心自体免疫的一部分。这种自体免疫也是通过阿姆斯特丹案例中的占领策略而出现的。除了对更多的民主和透明度可以理解但有问题的要求，即占领建筑物或实体空间的核心策略，其虽然肯定也会引起媒体的关注，但也有局限性，部分反映在一些人不公平地指责学生抗议者缺乏更"实际"的议程上。我认为，恰恰是因为新自由主义条件下，权力被新的全球联网技术取代，而在一定程度上让出了纯粹的物理领域。阿姆斯特丹的抗议活动牵涉到一场革命抗议的模拟，它利用了对20世纪60年代学生革命主题的怀旧渴望，很快成为媒体关注的焦点，被巧妙地包装成纯粹消费的"对立"。有鉴于此，人们可以理解这样一个事实，即学生们很少有实际的解决方案或要求指向一所真正不同的大学，作为异己篡夺技术加速的征兆。

换句话说,对新自由主义经济根本差异的幻想最终相当于重复同样的新自由主义逻辑,或者,正如鲍德里亚在《差异的情节剧》(*The Melodrama of Difference*)中颇为讽刺的那样,等同于"摧毁他者的差异"(1990,125)。这也是例证,一些学生提出了另一个富有同情心的工作组,将更多的"有色人种"教职员工和学生带入所谓"彩色大学"——这是一个姗姗来迟的策略,作为对大学总体反思的补充,它只是遵循了额外表征的逻辑,"而不解决作为幻觉的差异本身"(鲍德里亚1990,130)。尽管如此,在这些完全民主和透明的学术理想模拟的部分废墟中,人们希望,对这些理想背后的欧洲中心主义根源的彻底质疑,确实会导致更激进的替代方案。否则它会吗?

第五节 论正义、民主和透明的局限

毫无疑问,我们不能,实际上也不应该认为,作为今天的大学教师,如果没有权力的概念,我们的道德责任肯定意味着成为新自由主义道德主义的牺牲品,而权力的概念是以资本主义、男权主义、唯物主义和殖民主义对世界的"真理"为基础。但矛盾的是,自认为反对这种新自由主义的论点也成为这种道德主义的牺牲品。原始大学论点中的假设有坚实的理论基础,在我新加坡的伦理学课上亦是如此。毫无疑问,客观权力理论将导致对权威的颠覆和"自下而上"的革命行动。然而,在我的伦理学课上,学生们通过学习质疑自己的相对特权地位来获得分数,从而变得更加上进。因此,从本质上讲,我的伦理学课程做的正是大学校长希望我做的事情:为这些学生提供创新和批判性思维能力,以及新的国际化活跃精英在创业、使节和研究为导向的旅行、努力和联系中所需要的"个性发展"。实践哲学的幽灵困扰着我在新加坡的伦理学课,也困扰着我努力重新思考人文教育在荷兰背景下的作用,使伦理思想在历史上的希腊同性恋者和"欧洲人"对教学理解的组织原则中成为可能。那么,在教学政治和整个学术界的功能上,如此对同性恋和人文主义标记的含蓄重复,到底能有多大的革命性呢?对学生和教师来说,一堂伦理学课,就像通过实施明确的方法或理论来"消除噪音"的乐观主义一样,是一种遗忘,还是一种特权的巩固?德里达在《职业的未来》(*The Future of the Profession*)中评论道,同时忠实地履行了作为教师职业基础的假设和义务:"虽然许多人说表演创造了事件,但我们更应该说,通过表演'没有什么名副其实的"事件"能够真正发生'。"(2002,54)但显然,这不是关于表演性的最终结论,因为如果这只是简单的重复,德里达就没有动机揭露(他的)教育学的基础假设——

目标似乎是通过提供（重新）读取来同时使表演不稳定。就像盛情款待，理想的情况下，一个人应该将自己的建筑（或居住地）的所有权移交给可能到达的任何其他人，但在一个人能够接受他人之前，必须首先声明自己的建筑所有权并使其看起来稳定。奥特加·伊·加塞特最终没有认识到大学"黑暗"的一面，他在《使命》的最后一章高调宣称"欧洲就是智慧。它是一种奇妙的力量，是唯一能感知自身局限性的力量——从而证明它是多么聪明！"没有真正意识到对社会的制度暴力（让工业资本主义的兴起和巩固毋庸置疑）还包括建立这样一种虚假的稳定，并为"明智地"揭示其自身的局限性而自豪（1944，87）。我的批判教育学，实际上是对其优缺点的批判性分析，也确实主张一种自我反省。这种自我反省近乎于某种"欧化"的典型自我放纵，这种自我放纵不知何故已经成为新自由主义的卖点，在《联合国人权宣言》中被誉为"交流的权利"，这在第四章中有更多的论述。

因此，人们不应该谈论政治从课程中的必要撤退，而应该谈论政治在新自由主义大学中的加速和强化——面对新自由主义，为批评开辟意想不到的空间，这反过来又指向其事业的根本不稳定性。亚洲和荷兰大学在过去的殖民主义和当前的新自由主义中"负责任的同谋"恰恰标志着哲学的前景被放大的时刻，因为对教师和学生来说，紧张和困惑的场所都在成倍增加。然而，这种政治的强化并不是值得庆祝的理由，因为它仍然是新自由主义通过新的远程技术开展知识生产的模式的标志，无论其关键内容是什么，都是"优秀的"。这里值得注意的是，在新加坡国立大学工作的员工（就我在那里工作的几年所能收集到的信息而言）并没有多少人真正认为 2002 年向"全球知识企业"的转变是"原始"大学及其对"社会正义的真正知识"追求的终结——毕竟，在这所大学及其前身中，"真理和知识"的理念已经更加公开地为帝国服务，而欧洲大学，因此也包括荷兰的大学可以而且可能沉浸在通过"客观"方法或主导理论来促进"真实的"进步和民主的幻觉中。这所大学的不稳定性反映了资本主义的不稳定性，其特征是不可持续性、贫困女性日益增多、新的全球上层阶级的崛起，以及对控制论掌握的高度介导错觉。当他声称 "几乎可以把'大学'称为形而上学和技术这对形影不离的夫妇的孩子"（1993，15，emphasis mine），德里达就暗示了这一点，但也在《杠杆：或学院之争》中暗示了"大学"的不确定性。这两所大学都是形而上学和技术型大学的典型例子，但它们永远不可能完全是那样——它们不能最终实现自己对完美乌托邦的权威，就像我不能在新加坡和荷兰的模块和课程改革中最终实现我的权威一样。正如德里达所阐明的那样——他是一个教育家——通过他对列维纳斯作品的大量阅读，把纯粹伦理的人文主义神话和对"学生"的完全责任带到了逻辑的极端，矛盾地显示了其结构的局限性。正是在这个神话和它的局限性不可能的交叉点上，在当代暴力的所有共谋中，思考和质疑的特殊道德要求在我的课堂上再次成为可能。除此之外发生的事情并非操之在我"欧洲人"手中，而在新兴的亚洲和荷兰速度精英手中。每一个教学单元或学期结束时，这位老师的苦恼便问题般地升华为她希望她的学生们在体现了哲学的希望之后，能把事情变得更好。

第四章　激进学术研究的双重困境

第一节　控制论传播与"纯粹"大学

　　正如我们在前两章中读到的，新自由主义大学加速的自体免疫逻辑以一种最为双刃的方式出现在人文学科的教学和其他教学实践中。表面上看，全新的、理应更加民主的教学实践和形式似乎是为了迎合日益解放的学生群体的需求，但另一方面，教职员工和学生却极端地受制于加速和自动化的逻辑，这会产生一系列紧张局势和模糊的权力再现。例如，这些再现发生在通过新的通信技术所调动的网络化学习形式中，但也与学术和通信技术普遍纠葛的加速有关。在最后一章中，我们从社会责任教学的问题歧义和怀旧情绪中得到启示，呼吁建立一所"更纯粹"的大学，而本章又试图深入探究这种加速的技术逻辑对于当代大学中社会责任研究的呼吁可能更具体地意味着什么。有趣的是，一些学者试图通过期刊排名和引文来反对学术研究产出的量化，这是一种有问题的尝试。他们呼吁将学术成果的"社会影响"或"公共传播"作为研究影响的额外衡量标准。这些支持者还经常将社交媒体视为向更广泛的受众传播他们的想法和出版物的"工具"。例如，在《引文并非足够》（*Citations are not enough*）一书中，阿斯特·彼斯瓦斯和朱利安·科克赫认为终身教职委员会也应该关注学者的社交媒体输出（2015，n.p.）。然而，我认为，虽然这一呼吁至少将人们的注意力从研究界自我满足的统计和同行评议测量上转移开来，但通过社交媒体衡量或评估社会责任作为"影响力"的一个额外组成部分的呼吁，恰恰加速了大学研究和写作作为所谓的对"公众"或"整个社会"一致积极服务的创始伦理。一方面，这是因为它错误地瓦解了媒体领域与公众或社会本身的关系；另一方面，也是因为研究的中介直接涉及资本加速的技术，及其所有的负面影响。这里要说的是，特别是在 20 世纪 90 年代初，北美人文学科部门投入了大量的智力努力来审视和交流学术界和社会之间的关系，此外，这种交流的思想也部分转化为数字人文倡议。例如，威斯康星大学麦迪逊分校的数字人文研究网络在 2015—2016 年度的整个研讨会系列都将以"走向公众"为主题，探索"围绕公共数字人文和数字技术在公共学术中的更广泛作用的各种问题。"同样，哥伦比亚大学以"传播你的研究：社交媒体和研究周期"为主题拉开了 2013 年的"无国界研究"系列讨论的序幕，探讨了社交媒体作为促进人文研究并保持其社会相关性的一种方式。值得注意的是，这些呼吁表明了对当今大学的一些核心原则的深刻忠诚，即那些在大学之外进行的渐进式社会变革而产生新的见解。他们信奉的大学精神由来已久，而且确实不可否认应该继续保持这种精神，即大学精神与真理和知识的理想相结合，以实现更高的正义、平等和解放的目标，尽管它会带来意想不到的负面影响。为了实现这些理想，自中世纪欧洲早期创立以来，大学就一直依赖于日益多样化的通信技术，如书籍和期刊，以及后来的广播和电视来生产和传播知识。围绕着越来越复杂的媒体工具进行的革新确实成为了传播可能发生关键因素之一，而这反过来又会导致革命启蒙的传播。今天的人文科学和社会科学同样与所谓的硬科学分享了他们对新技术的热情（如果不是全部的话）。几个世纪以来，硬科学一直依赖越来越复杂的机器来探索和观察物理"现实"——这是我在第一章中已经强调过的一个问题。因此，正如布鲁斯·罗宾斯在《理论的后果》（*Consequences of Theory*）一书中敏锐地指出，任何声称能直接从经验角度观察现实和社会，并由此引申为对现实或社会认识中的问题、不完整或矛盾的主张，都为所有学术职业提供了生命线（1991，7）。这意味着所有这些学术领域都必须根据其社会相关性来证明其存在的合理性。也因为这种相关性需要适当地传达给社会的所有成员，所以对于众多社区而言，正是本着积极的社会变革精神，才提出了一种普遍沟通的主张。

寻求复兴人文学科存在的一个相对新颖的研究领域当然是所谓的数字人文学科。在人文学科中实施大数据研究的支持者——通常是在那些有争议的"数字人文学科"的支持下进行的——迄今为止他们提出了自己的观点，认为大数据的收集和可视化有可能对社会关系和人类活动产生意想不到的洞察力。因此，这些倡导者声称，即使任何数据可视化都必然受到一系列主观和技术选择的约束，大数据研究也可能通过以前隐藏的认知、情感和社会视角丰富人文学科。然而，反对实施这一举措的人反过来又哀叹计算和量化技术对人文学科的日益侵蚀，并认为这种技术标志着丰富的研读实践的消亡，以及对具体社会和文化背景的解释的必然局限。例如，理查德·格鲁辛在《数字人文之暗面》（*The Dark Side of the Digital Humanities*）中敏锐地指出，数字人文学科的兴起恰逢经济危机的加深，经济危机对人文学科的关键部分产生了负面影响（2014，79）。他进而指出，数字人文主义者和批判人文主义者之间的核心分歧在于批判和生产之间的紧张关系，因此，数字人文主义成为了"被视作当前危机根源的新自由主义价值观"的牺牲品（2014，85）。因此，格鲁辛和他身边的许多人对围绕大数据的主流话语所呈现的客观性和深度的问题主张表示异议，并在总体上对数字人文学科不屑一顾，认为它在很大程度上是一种被误导的手段，目的是帮助人文学科部门在新自由主义引入的对学术实践进行普遍量化的冲击中生存下来。尽管如此，格鲁辛还是正确地谴责了那些认为关键工作不包括"手工制造"的人。他最后提出，"人文主义者应该共同努力，捍卫人文主义探究本身的价值，免受新自由主义对高等教育的攻击所带来的工具逻辑和系统性瓦解"（2014，85，90）。

在深化研究的同时，也使格鲁辛的论点复杂化——这有助于指出批判也是一种生产形式，但仍然与人文主义者的承诺紧密结合——更进一步，我认为从启蒙思想的理想主义开始，转向人文学科的大数据，实际上标志着学术研究中一个更深刻的难题，而启蒙思想的新自由化只是一个逻辑的发展。我认为，这一更深层次的问题围绕着一个矛盾的说法，即大数据同样会使其分析对象——无论是社会现象还是文化文本——更加肤浅（和不可知），也更加深入（和可知）。这一矛盾与学术人文主义事业的内在困境相类似，正如我在第一章中所说，"将世界和人类暴露在真理和解放的光芒下"（及其压迫性的普遍主义、社会审查和殖民主义的负面历史包袱）的制度使命今天也通过暴露其自身理想主义的局限性而自我解构。这确实意味着，通过对教职员工和学生的行为及产出进行广泛的"数据化"，实施大量的内部监督和分级"监督"，对全面知识的追求已经开始成为学术界近乎普遍的"自我暴露"。在当时围绕数字人文学科的激烈辩论中，我们可以非常清楚地看到，今天大学的问题不仅仅在于它的新自由主义，还在于它加速了大学不可完成的理想主义使命，将它的理想融合并转移到计算和预测等大数据技术中。正如我在阅读维利里奥的《视觉机器》时建议的那样，作为关于当今大学的深刻寓言，感知技术的日益普及标志着对我们周围的世界的日益盲目。因此，"大数据"可以说是当代大学融合结构的典型症状，因为它同样可以被解读为一个寓言，说明当今关于世界、社会和人类认知的知识扩展以及不可知性是如何从根本上联系在一起的。

尽管所有这些努力都是为制定明确的研究方法，但今天，那些专门寻求与全球资本主义的负面影响作斗争的善意的社会科学和人文学者，似乎发现自己越发陷入一个概念和实践上的两难境地。这是因为，虽然实现社会变革是大多数进步知识运动的主要目标之一，这些运动越来越多地寻求利用传播工具的力量来实现各种民主和促进平等的目标，但"变革"

也在很大程度上构成了当前带有破坏性危机和不稳定特征的新自由主义范式的号角。我们可以注意到这种以人为本的变革的呼吁，尤其是在当代技术和新媒体公司的座右铭中。例如，飞利浦电子自 2004 年以来的口号"让我们把事情做得更好"就很好地说明了这一点，苹果著名的格言"与众不同"和谷歌的"不要作恶"也是如此。与此同时，社交媒体公司脸书以"帮助你与他人联系和分享"而闻名。现在，人们可能会倾向于将这些公司口号视为空洞的营销噱头而不屑一顾，但我会毫不犹豫地将这些格言全部扔进资本主义虚假承诺和欺骗的垃圾箱。相反，我认为这类口号所展示的道德社会变革的普遍情绪应该告诉我们许多关于晚期资本主义的当代阶段的情况。在这个阶段，对社会进步本身的强调长期以来一直体现在技术创新和对媒体和通信工具的完善的追求中。这些工具确实是从大学研究中出现的，甚至部分是从人文学科中出现的（例如，计算机所遵循的数理逻辑最初是作为哲学的一个分支发展起来的）。从这个意义上说，上述威斯康辛大学麦迪逊分校和哥伦比亚大学的系列讨论批判性调查了大学的核心角色或腐败，这也许不是巧合。它不仅依赖于数字印刷和发行工具传播的能力来加速书籍印刷技术的发展，而且在几十年后，互联网——可以说是书籍的最终数据库——作为一种广泛的"社会化"现象出现。事实上，关于通过新媒体进行传播的某种理想的实现似乎与对大学的公共角色的新发现的质疑相吻合，进而导致对其创始宗旨更新的呼吁。

左翼学者、知识分子和激进分子的言论，以及社会科学方法论，一直都强调通信技术为数据收集和集体提供便利——无论这需要社会共同体，还是通过收集经验数据来实现现实的一致性和可理解性。因此，这种研究辞令含蓄地假设，媒体能够或将会"使社会变得更好"，要么允许建立新的社区，要么允许研究人员绘制一幅"更好的社会图景"。以前被边缘化的群体和个人，因此也被认为可以通过媒体建立新的联盟，以促进社会包容性，而社会科学反过来可以呈现新的社会形态是如何通过通信工具形成的。正因为如此，例如，许多社会科学家现在转向收集"大数据"，以便梳理出个人或其他实体之间之前未被识别的关系，而人文主义者转向"数字人文"，以改善教学和研究。值得注意的是，这类研究工作往往需要依赖，甚至购买谷歌分析、推特数据库和脸书档案馆独家拥有的专有信息。但是，即使在社会科学和人文科学与企业工具直接融合的今天，这些学术领域也一直依赖于这样一个事实，即它们正在向社会传播自己的见解，作为它们自身社会相关性的额外证明。当时，学术界远非所谓的象牙塔，而事实上，现在和过去学术界充斥着现代通信工具为广大社区提供的政治和承诺，无论这些政治是资本主义的、人文主义的还是社会主义的。当代社会科学和人文学科中占主导地位的研究范式，反过来也将说明交际承诺和潜力的实行对整个社会所产生的意想不到的影响和后果。

　　善意学者们的努力和目标所带来的这种出乎意料的甚至是负面的影响，现在应该不再让我们感到惊讶了。正如我在第一章中注意到的，几个世纪以来，学术界的理想本质上与精英主义、男权主义和西方中心主义的世界观齐头并进，故而在这种世界观中，大学教育意味着阶级地位和社会的向上流动。正如祖伊霍夫在第三章分析的荷兰案例中指出的那样，任何一位学者，如果认为她能够完全超越这种与机构政治的同谋，那都是愚蠢的。但更重要的是，任何推动变革的努力都仍然停留在不可估量的基本层面，因为真正的变革确实寻求邀请那些以前被排除、压制、边缘化或抹杀的人。这再次意味着大学的运作显示出一种深层的融合结构，因为走向交流启蒙的步伐从根本上与激进的改变是不可交流的这一事实相矛盾。当代大学随后成为这一困境技术加速的主要场所，因为社区、正义、和平等承诺通过新媒体技术得到了极大的实现。同样徒劳的是，本章将继续声称，围绕媒体技术的乌托邦或充满希望的言论，目前在善意的人文和社会科学中尤为普遍，促进了新自由主义经济的持续加速和负面影响。这尤其是因为，这种经济越来越依赖于这种有意义的言辞或围绕"促进变革"的富有成效的论点的技术融合，以及通过媒体进行的全球金融化信息流动。今天大多数非面对面的交流是通过媒体技术进行的。这些技术通过少数媒体公司、有线电视提供商、ISP 和 IXP（互联网服务提供商和互联网交换点）与新自由主义全球化紧密交织——事实上，今天全球互联网主干网的所有权主要掌握在北美"一级"公司手中，如 Cogent、Verizon、Level3、AT&T、XO Communications 和 CenturyLink，这意味着一种新的帝国主义。这也是为了强调，新媒体允许社会科学家和其他研究人员开展收集工作和集体行动的便利在数据收集和分类工作中有着骇人听闻的先例，例如，英国和荷兰帝国在过去许多世纪里对其他民族的空域和领土的侵略殖民。当然，这些努力的结果最终是使征服和剥削殖民地人民的效率更高，并使这些人民的需求、移动和目标更加透明；所有这些都是为全球资本主义的日益扩张服务的。

　　人们可以部分地将这种交流的理想起源追溯到 20 世纪 40 年代北美的交流理论（今天被称为"信息论"），以及它因传导对象（如比特和字节）而产生的有问题的意义概念。这一理想反过来又体现在克劳德·香农和沃伦·韦弗在 1963 年的著作《通信的数学理论》（*The Mathemical Theory of Communication*）中提出的著名的电子传输信号冗余模型中。该模型成为冷战时期美国通信部门的主要灵感，也是他们对可预测性和宣传的痴迷。这一点，尤其是在美国，但某种程度上也在欧洲，导致了对现代传播及其社会可能性过于乐观的理解，以及对传播透明度和有效性的强烈道德义务。但甚至在此之前很久，西方科学和哲学在寻求全面知识的过程中，就遭遇了让·弗朗索瓦·利奥塔在他另一篇颇有见地的文章 *Something Like Communication ... Without Communication* 中所描述的西方形而上学的"传播主义意识形态"（2012，567）。在我们的后现代时期，这一意识形态让人们被社会极度分裂的技术官僚所征服。利奥塔认为，从现代艺术到后现代艺术的转变可以被视为是从一种美丽的职业到一种崇高体验的转变，这标志着对艺术的敬畏和部分不透明的无意识效果。如果我们把它翻译成新媒体的功能，这意味着后现代媒体有意义的一面——它们将社区和观众联系在一起的方式——与其说在于再现的可能性，不如说在于由于新媒体的架构而导致的碎片化的共享体验。因此，利奥塔同样强调，在一个普遍追求更多联系和交流的全球社会中，矛盾的是，社会性最终会被摧毁，不仅仅是因为媒体技术碎片化并绕过了物质领域（2012，570）。换言之，"改善"的交流必然导致积极的社会变革这一假设忽略了当前某种约定俗成的沟通理想及其与近乎极权主义和技术官僚的新自由主义间的共谋。新自由主义建立在对沟通的误解上，认为沟通是通过共同理解传递意义和约束社区，正如我在第三章强调的那样，教育学对"方法"的痴迷给人一种客观性的错觉。同样，因为动员媒体作为社会变革的"工具"也不可避免地会加速经济全球化和财富分配的不平等，信息的传播必然会导致研究者的乌托邦目标或意图的滑向或偏离这种加速及其暴力副作用。因此，今天对"社会变革"和"有所作为"话语的传播和推广，已不再是对贫困社区的持续剥夺和世界范围内社会解体的对抗，而是与之有极大的牵连。将"他者"转变成一个交流主体的激进主义和学术道德要求已经成为一种越来越具有压迫性或强制性的姿态。它首先迫使个人屈服于乔迪·迪恩在《民主和其他新自由主义幻想》（*Democracy and Other Neoliberal Fantasies*）中恰当地称之为"交流资本主义"的崇高力量（2009，19）。

我关于学者和活动家如何宣扬"传播主义意识形态"的论点再次反映了鲍德里亚的工作。在他后来的大部分作品中，他的主要论点是，越来越多各种形式的政治，只要它们仅仅作为政治的模拟而存在，就会发现自己被一种新自由主义逻辑所包裹，这种逻辑依赖于代表性领域向资本流通领域的崩溃。鲍德里亚在《生产之镜》（*The Mirror of Production*）中认为，这种崩溃是可能的，因为资本主义的扩张主义逻辑在不断的符号中介中发现了一种取之不尽的生产和消费形式（2001，105–106）。简言之，符号已经成为消费的对象，而对身份差异的主张支持利用二元对立（"自我"与"他者"）的概念谬误来加速经济增长。对鲍德里亚来说，所指的概念伴随着资本主义的交换价值模型出现，被认为是使用价值的衍生物（2001，103）。鲍德里亚在《符号政治经济学批判》（*For a Critique of the Political Economy of the Sign*）中说，使用价值（以需求和欲望的形式），就像所指（或指称的）一样，只是被想象成资本主义的"托辞"（2001，78）。资本主义将边缘化人群的解放需求和欲望视为自然而然，以此为自己辩护。正如鲍德里亚在《差异的情节剧》（*The Melodrama of Difference*）中所解释的那样，当代所有种类的他者，以及我们与它接触、解放它、与它联系、与它结盟甚至理解它的愿望，都是资本主义这一新阶段的影响（1990，126）。因此，交流的便利依赖于这样一种谬论，即这种差异性在经验上是真实的，并且在资本主义的再生产逻辑之外。某种联盟政治中的差异性和"他者"的解放则是相对差异性，是自我同一主体的镜像，起到促进或教导的作用。新媒体尤其促进了这一逻辑，因为它们允许符号的不断循环、增殖和分化。因此，媒体通过提供权宜的电子传播和差异化，将底层形象和声音纳入资本的网络流动中，从而实现这一点。由于媒体作为意义传递者的普遍幻想，媒体也给学者或活动家提供了错觉，即这种"他者"真正想要的是主观赋权和联盟……而我们自己和任何"他者"都自然希望成为新自由主义下的首要主体。但我认为，与鲍德里亚的观点一致，这种赋权和联系只不过是信号循环的瞬间，因此也是资本流动加速的瞬间。因此，在《差异的情节剧》（*The Melodrama of Difference*）中，鲍德里亚得出结论，这一资本主义的新阶段是以"人道主义普世主义"（1990，131）为标志的。在这一阶段，他者成为"被理解、解放、溺爱、认可"（1990，125）的事物。这意味着，这种事态，正如我们稍后在分析其几个典型时刻时将看到的那样，仍然依赖于"西方人文主义话语的授权签名"，例如，钱德拉·莫汉蒂在20世纪80年代出版的《在西方目光下》中已经敏锐地指出了这一点（1988，63）。然而，它今天之所以如此，并不是因为与"他者"的生活世界隔绝了，而是因为试图与"他者"架桥、沟通或连接。

正是由于传播和金融化之间的纠结，我认为许多善意的学者和知识分子发现自己越来越处于双重困境；一方面，拯救激进的"他者"的可能性在于将他们的存在作为"秘密"加以保护，沟通不畅和被忽视的可能性越来越小，而另一方面，他者的生存在于他们屈从于这些极权主义的沟通技巧，比如教他们大众媒体和新媒体的使用，表达自己的观点，以及时常在网上或电视上露面。事实上，这种双重困境或紧张关系在很大程度上仍然没有被许多学者注意或隐藏。首先是因为学术职业已经建立在作为社区的交流的理想之上，这使得他们对今天可能发生的情况视而不见，但其次，更重要的是，因为许多被指定为"他者"的人感受到一个极端技术官僚的全球社会及其日益增长的权利剥夺形式所带来的压力，他们往往会表现出自愿参与这些工具，作为仅仅以生存为形式的"赋权"手段。这种参与反过来又被许多学者误解为"他者"利用这些媒体为自己谋利的真实愿望，因为这种教学或促进的更主要的自我服务方面被掩盖、压制或忽视。因此，我们可以准确地看到，日益增加的视觉失明和视野狭窄是维利里奥在《视觉机器》中谴责的追求透明度的附带后果。

肤浅的社会学概念化，即赋权或抵抗仅仅需要表现出沟通的能动性，对于理解整个场景的强制性质没有什么帮助，包括知识分子的"促进者"和自封的"变革代理人"，他们都发现自己不同程度地受制于这一理想。同样，尽管社会学文献中经常使用的交流工具的抵抗或颠覆行为与资本主义的暴力截然相反，但今天这种工具和持续发展的全球金融化有着强烈的融合。在下一节中，我将继续阐述这种悖论或双重困境是如何在善意的社会科学和人文科学中产生的某些乌托邦或左翼理论论点中出现的，同时也让寻求使这种理想富有成效的活动家和学者陷入根本分裂的情况和制度空间。

第二节　传播促进社会变革：一种范式的兴起

20 世纪 60 年代末，新媒体在"冷战"军事创新中崭露头角后大约 10 年，全球资本主义突然加剧。我们可以预期，在 20 世纪 70 年代至 80 年代初，人文社会科学中围绕抵抗和赋权的理论和实践，无意中预示着一些对"互动性"和"双向传播"的推动，这标志着这些媒体在全球范围内的公司化。事实上，如果用一种不友好的方式来解释，在这 20 年里，美国和欧洲的激进左翼学术界可能无意中扮演了新技术全球化和公司化的奴仆，其借口是通过将"传播主义意识形态"推向新的高度来促进社会正义、民主和平等。此外，一些新媒体工具的军国主义根源在维利里奥的作品中随处可见，这些根源已经融入了围绕传播促进社会变革的说法和修辞中。这种说法通常在 20 世纪 80 年代开始用"目标群体"和"战役"来表达——后者在词源上源于法语"campagne"，意为"攻击"或"军队在战场上的行动"。当然，这并不是说学术界更公开地支持亲资本主义或亲军事主义的部分过去是、现在仍然是更明显的主要助手，而是说学术左派发现自己在全球金融化过程中被过度拉拢，同时在自己激进的错误印象下工作。当然，我必须在这里强调，我并不认为这种传播的加速纯粹是压迫性的事情——毕竟，此书本身也暗示通过传统的出版和传播途径来实现对一个完全不同的未来的希望，即使是以一种可能更自我意识的方式。相反，我想强调的是，左翼学者和活动家超越纯粹的可见性、透明度、对话和发表意见的逻辑，面临的风险已经大幅提高。在某种意义上，我们发现自己处在一个表现和交流的逻辑被资本主义超越甚至逆转的时代。资本主义设法用全球金融交易在很大程度上瓦解了符号学领域，而学术界为社会变革所做的努力是这种逆转的征兆，也是这种逆转不可或缺的因素。我们在这里工作的政治议程可能已经过时，而如今这可能弊大于利。我们在这里再次看到，学术界与某种"象牙塔"相去甚远。事实上，它以意想不到的、有时几乎不可分辨的方式充满着所谓的"外部"的政治和经济。

弗莱雷无疑是传播促进社会变革和新颖教学框架的典范理论家之一。除了他著名的《被压迫者教育学》（我已经在第二章详细讨论过）外，弗雷尔还发表了许多关于知识分子和学者应该如何与下层和边缘化阶级介入合作行动主义的论文。其中一部对传播和社会变革领域仍具有开创性意义的作品是他 1969 年出版的 *Extensión o Comunicación? La Concientización en el Medio Rural*。其字面意思是"推广或是交流？提高农村地区的意识（Extension or Communication？ Raising Awareness in Rural Areas）"，翻译成英语为"批判性意识教育（Education for Critical Consciousness）"。在这本书中，就像在他的《教育学》里一样，弗莱雷对"文化民主化"发出了同情的呼吁。根据他的观点，这应该包括给大众，特别是那些生活在农村"亚无产阶级"地区的人们"参与和干预历史进程的经验"（1974，37）。为此目的，弗莱雷力促一种扫盲方案，强调借助视觉和其他交流辅助手段进行对话，声称这种方案依赖于"横向"而非"人与人之间的纵向关系"（1974，40）。这样做的目的是让人成为一个政治或其他方面的行动者，因为弗莱雷说"人的作用是参与与世界的关系"（1974，39）。他的新方法的成功后来得到了一位年长农民的肯定。他说，因为他工作，他"改变了世界"（1974，43）。因此，某种"自我改造"是该方案的结果，弗莱雷通过"简单地给他提供工具"（44），让这些农民获得"批判意识"（1974，40）。因此，他的纲领被认为是与纵向教学或"反对话"截然相反，这最终将有助于消除这些农村亚无产者中普遍存在的"魔法意识"，其特点是他在《教育学》中也如此或然地谴责过的令人厌恶的"宿命论"（Extensión o Comunicación，1974，39）。

尽管作为参与社会活动的左翼研究人员，我们可能会迷恋于弗莱雷呼吁对话和验证农民对讨论主题的建议——事实上，这样的对话方法可能已经在大学课堂上实施了——但从他书中对这些农民有多"落后"以及他们的"宿命论"是如何"愚蠢"的描述中，却流露出一种明显无意的优越感。毫无疑问，弗莱雷试图教育这些人了解交往民主的理想和实践，但在这样做的同时，不仅忽视了促进者和学生之间的对话关系从来不是"横向的"这一事实，而且更严重的是，通过将他们的"魔法意识"指定为非理性的、过时的、纯粹的异化，因此而需要消除，从而抹去他们激进的转变。人们还会感觉到，弗莱雷非常自豪地炫耀农民们是如何由于他的方案而开始认为自己"有教养"的，间接地肯定了他的教学方法是优越的。人们不禁要问，农民在多大程度上告诉了弗莱雷他想听的话，哪怕只是为了确保他们自己融入新秩序，尽管他自己相当敏锐地称之为"动态的过渡气候"（1974，39）。因此，将这些人变成交际主体的过程伴随着一种特殊的无形强制，通过这种强制，这些人最终被迫放弃一种"神奇的"世界观，这种世界观依赖于生活和存在的某些方面的不透明性或保密性。此外，弗莱雷将他用来促进更多参与的交流工具——尤其是像绘画这样的视觉和图形"渠道"——理解为仅仅是帮助农民成为"他的学习代理人"的"工具"（1974，43）。在这里，我们可以认识到媒体的典型概念是理想地促进一种"互动"环境，通过这种环境，它可以作为一种模式发挥作用，即使不是自上而下的内容或知识的传播，也仍是某种民主和变革情绪的传播。但恰恰是后者仍然完全是单向的，因为农村人"宿命论"的潜在反迁移受到弗莱雷的强烈抵制和忽视，而且在我们当代充满"交互性"的新媒体渠道中也确实找不到立足之地。如果有人要坚持，但稍微修改弗莱雷在他的书中也赞同的马克思主义术语，我们可以在这里谈论一种"异化"的形式。矛盾的是，这种形式的出现是因为农民被变成了"代理人"。

弗莱雷对对话中所谓的"横向性"的错误主张，为该方案提供了走向社会正义的"托辞"，也是 20 世纪 70 年代许多其他文本的特点，这些文本是现在已经确立的社会变革传播准则的一部分。另一个这样的文本是路易斯·拉米罗·贝尔特兰 1979 年的文章《告别亚里士多德："横向"交流》（*A Farewell to Aristotle*："*Horizontal*" *Communication*），其由联合国教科文组织出版，作为国际传播问题研究委员会所做研究的一部分。根据联合国教科文组织的说法，这篇文章是在据称沟通存在"问题"的情况下撰写的，这一事实已经为通过改善交流来"解决"问题的态度提供了有趣的指针。这篇文章以引人入胜的方式预示了新媒体技术的到来，它为理论家和实践者提出了从单向传播到双向传播的论点。根据贝尔特兰的说法，在双向传播中，个人交流的"自然"需要得到满足（168）。贝尔特兰在他文章的开头对我之前所说的传播学中的"传播模式"进行了深刻的批判，指出尤其是北美以亚里士多德和哈罗德·拉斯韦尔的概念化精神为基础的研究和理论，过于注重"效果"和"说服力"。他同样指出，这些理论混淆了信息和交流。贝尔特兰认为，弗莱雷称为交流的"木桶理论"错误地假设了被动接受者，因此这种理论与历史上从西方延伸到拉丁美洲的"支配独白"（1979，165）并行不悖。贝尔特兰正确地将这种大众媒体及其私有制的关系定义为"整个生活方式"的延伸，即"资本主义意识形态"（1979，164）。因此，根据贝尔特兰的观点，争论的焦点是如何从"垂直的和疏远的通信工具"（1979，166）转向基于"接触—对话—参与"的模式（1979，168）。虽然他承认完全的横向性是站不住脚的，但他仍然主张我们应该在交流中努力实现"合理的比例平衡"（1979，169）。

有趣的是，贝尔特兰在文章中自始至终都假设，作为殖民地和新殖民地文化的一部分，作为一个整体的"拉丁美洲人"，一直对这种单向传播理论持怀疑态度。现在，虽然我同意这种对拉丁美洲边缘化的一般经验的描述可以为反对这种持续的统治提供一个有效的起点，但这里最重要的是贝尔特兰将这种经验转化为发展更多横向和双向交流工具和设置的"解决方案"，在这些工具和环境中，接收者也成为"积极的社会参与者"（1979，166）。他举例说明了这种参与性工具，如"大众媒体与群体技术的特殊结合，或围绕现代视听工具建立的群体交流"，如"移动录像带装置""扬声系统""盒式录音带装置"（1979，167）。因此，他提出的首个主要假设是，交流仍然以技术或机械的方式运作——作为机器驱动的人员流动或移动——这使他得出结论，双向通信在发送者和接收者之间享有更多的平等，这是我在第二章的网络化学习示例中已经指出的一个误解。但更严重的是，贝尔特兰因此假设，拉丁美洲的"文化"一旦在大众和新媒体工具中得到表达，将导致一种更加民主的局面，而这种局面反过来将使拉丁美洲摆脱资本主义形式的统治。但这种对某种统一"文化"的诠释，却有问题地掩盖了拉丁美洲之间巨大的利益分歧，以及整个拉丁美洲的巨大阶级差异。我们在这里看到，向新自由主义意识形态的转变涉及文化差异的虚假表现，即资本主义固有的激进或外在的差异，尽管这种差异本身已经成为全球生产和消费的标志，并因此最终起到模糊一个大陆或一个国家内部的阶级和性别关系的作用。更重要的是，贝尔特兰将交流的需要称为人类"自然"的一面，并声称所有人都有"权利"去接触、对话、参与和沟通（1979，168），从而有效地为重组的"交流主义"范式铺平了道路。该范式将全新塑造的"积极的"和"创造性的"交往主体插入交往资本主义中。通过使双向交流看起来总是更民主或更横向，他放弃了对那些例证这种互动属性的工具如何实际上是全球正在进行的金融化及其主题的重要组成部分的分析。借用弗兰克·杰勒斯的名言，贝尔特兰用来指控大众媒体成为胁迫的一部分，这种胁迫"攫取了人的灵魂，把他变成了压迫者的影子"（1979，165）。贝尔特兰忘记的是，权力关系总是任何交际环境的一部分，无论对话与否，并且认为协调人的特权问题已经通过使用双向交流的方式得到了解决或缓解是不真诚的，即使这种对话是以"民主"或"解放"的名义进行的，或许在今天尤其如此。

在许多研究项目中，这种强化的"传播主义"制度的预兆一直延续到21世纪初。在这些项目中，学术界和许多活动家都迫切需要更有效的工具来提供和模拟互动、对话和参与。尤其是所谓的网络社会运动这一社会现象，在过去10年里，学术界的研究可谓层出不穷，甚至形成了自己的"网络社会运动研究"子学科。这些研究主要采用社会科学方法，收集关于激进主义行为的经验数据，几乎所有的研究都将媒体视为激进分子信息的传播者。这种"运输"的愿景指导着许多此类激进的媒体项目，以及对社会科学中在线社会运动的分析，因此所有这些都隐含地认为，新媒体在"集体道德或民主行动与正义"这个词的双重意义上增强了深远影响的可能性。由于新自由资本主义及其军事机构最终是这些新媒体背后的"创新者"，这些新媒体经常出现在这些传播学研究中，似乎它们本身就是人类社会性和道德性"进步"背后的革命力量。正是出于这个原因，一些此类研究错误地谈论"脸书（Facebook）"或"推特（Twitter）"革命，完全忽略了这样一个事实，即这些新技术是新的全球经济逻辑的重要组成部分，而正是这种逻辑导致了许多此类革命极力反对的压迫和剥夺公民权利。因此，这些研究也往往倾向于证明所谓的"理想"经济形式是当代晚期资本主义，以及显然默认的政治民主制度，该制度允许并要求广泛的在线参与。对于在线社会运动及其附属的学术研究人员来说，更多、更快、更有效地交流似乎是合乎道德和理性的事情，更复杂的激进项目和学术技术应该并将合乎逻辑地努力实现"有效"信息的普遍传播，并消除"噪音"或"虚假"信息。我们在这里不仅可以注意到香农－韦弗模式的回归，而且还可以再次注意到，推动更多交流的努力是如何在西方的先验、思想解放和摆脱束缚的预言结构中初现端倪的，这些理想也渗透到学术界，这应归咎于当代资本主义导致政治舞台从媒体代表性转移到与民主代表性对应关系的一种颠覆性局面的。

维克多·曼努埃尔·马里萨斯 2004 年出版的《网络为所有人服务：当社会运动接受网络时》（*The Network Is for All：When Social Movements Accepting The Net*，西班牙文原版标题为"La Red Es de Todos"）一书中的第一章作为《社会变革传播文集》（*Communication for Social Change Anthology*）的一部分，提供了最后一个例子，说明这种当代社会运动研究现在如何不仅仅是预示，而是成为传播必要性的镜像，这标志着金融化中意义创造的篡夺。马里萨斯对资本主义全球化和正在进行的市场自由化的蹂躏持同情的观点，并明确支持那些社会运动，因为这些社会运动以如今著名的口号"另一个世界是可能的"（2004，1010）为代表。他注意到这些激进运动的"新的团结和交流网络"以成员之间的"灵活性、横向性、互联能力和紧密性"为特征（2004，1010）。根据马里萨斯的说法，这种网络"通过吸收新成员"，并"将一切与一切联系起来"而得到加强，因此网络"不仅是一种更有效的组织形式"，而且提供了一张"我们之间关系的地图"（2004，1011）。虽然马里萨斯恰当地指出，全球资本主义已经把信息变成了"商品"（2004，1011），但他仍然认为，这些新媒体是在新媒体出现之前激进团体的完美体现，因此它们完全适合于任何形式的激进主义，即无政府主义（因为新媒体是"分散的"）、女权主义（因为女权主义依赖于"团结网络"）和生态学家（因为生态运动"揭示了万物之间的互联"）（2004，1013）。因此，马里萨斯得出结论，为了使反资本主义运动更加有效,学者和活动家必须采取"交流的心态"，更好地与社会转型的目标相结合（2004，1013）。在他的作品中，通过过多地谈论激进团体来抽象强调"变革"是显而易见的。讽刺或矛盾的是，马里萨斯主张反对新自由资本主义的具体实践，这也正是后者的必要条件，延伸到布鲁斯·罗宾斯在本章早些时候的敏锐观察。我们在这里再一次发现，善意的学者如今陷入了道德和政治的紧张处境或双重困境。这种紧张或双重困境通过创造无政府主义者、女权主义者和生态学家相对于资本主义存在问题的统一形象而受到压制。这一形象不仅抹去了内部的差异，也抹去了全球阶级结构中这些本应连贯的群体间的差异复杂性。这一问题的消除也反映在一些更雄心勃勃的项目中，这些项目旨在通过与替代全球化的联盟来改造大学。我将在下一节谈到这些项目，它们在某种程度上也预示了我之前讨论过的荷兰学生抗议。

第三节　新的大学项目和思维加速

新自由主义大学的几位批评家试图在学术界的制度墙之外动员学术界重新承担社会责任，特别是代表新自由主义全球化替代方案的个人和团体。这种动员的目的是比 UvA 的抗议活动（正如我在第三章讨论的那样，它仍然与相当民族主义的议程紧密结合，因此未能分析它在全球权力结构中的同谋）产生更大的全球影响，而这种动员反过来又是通过移动和电信的技术和话语来实现的。例如，欧洲反博洛尼亚的"新大学"项目，如"Edu-Factory"，各种自治的虚拟大学，以及与当地和国际激进主义分子和非西方学者的智力协同。我在这里特别指的是过去几年中出现的各种学术以外的"激进研究"网络和会议的形成，如 Facoltà di Fuga（Faculty of Escape）、Mobilized Investigation、Rete Ricercatori Precari（Network of Precarious Researchers）、Investigacció（Research）、Universidad Nómada（Nomadic University）和 Glocal Research Space。这些项目的特点是组织活动，试图在非西方和反新自由主义激进分子和学者之间建立对话，并为线下和基于网络的讨论和参与开辟空间。这些项目的发起者和参与者经常将他们的立场概念化为与另类全球化激进主义密切相关，因此，人们希望这些立场能够有效地颠覆新自由主义、精英管理的大学空间及其对资本主义创新方面存在问题的科学客观化方法。我将解释这样的大学如何宣布倒闭，如何将目前的形势定义为一场危机，以及如何在今天真正学术授权的动员。正如我们在第三章所见，常常陷入对独立思想、真理和正义的原创大学的怀旧之中，它们本身就自相矛盾地成为技术加速的同谋，而技术加速恰恰是新自由主义的基础和再现。这是因为这种动员通常贯穿于行为和思考之间虚假的人文主义对立的有问题的援引。这使得术语和它们的生产方式在资本主义模拟的当代条件下变得越来越相互交织在一起，在这种情况下，"思考"越来越多地服务于经济学家的"行动"形式。自相矛盾的是，这些值得称赞的项目首先似乎是加速发展的征兆。我们再一次看到，新自由资本主义是一个体系，在这个体系中，人类社会生活最亲密和最基本的方面——在这种情况下是思维形式——通过作为资本流通而正式归入这个体系，而新媒体产生了越来越特殊和有限的思维方式。我在第一章中提到，通常会重复的有利于新兴速度精英的论述是那些连接的、即时的、解放的、转变的、多样性的和边界交叉的话语——这些原则也正是在哥伦比亚大学的"无国界研究"倡议中得到了体现。因此，速度精英主义今天取代了欧洲中心主义，成为组织全球和地方差异的主要纽带，尽管它在很大程度上建立在欧洲中心主义概念差异的形式化之上，如行为与思考、东方与西方。在速度精英主义下，乌托邦式的强调通过即时技术的透明中介，使人们幻想传统学术边界之外的网络空间成为激进的空间，并希望在激进主义和学术界之间进行富有成效的对话或结盟。这意味着，在全球化的背景下，激进主义和学术界已成为相对的他者，其中（非西方或反资本主义的）激进主义者被视为西方知识分子激进异类的某种幻觉。这种技术幻觉服务于一种日益咄咄逼人的新殖民主义和父权制经济剥削状态，不是因为旅行和通信技术被视为解放和变革的"工具"，而是因为我们在前面也看到了传播促进社会变革的论点。

然后，正如我在第一章中通过维利里奥的著作提出的那样，思想越来越多地在技术加速和军事化的空间中发挥作用，并使之成为可能。在当代大学中，人文科学在应用科学中的日益共谋性，从而使批判性思维和新自由主义加速相结合，也是贯穿德里达《大学之眼》（*Eyes of the University*）的一个重要主题。德里达在《大学之眼》中指出，我们目前看到了大学的军事化，并声称"以前从未有过所谓的基础研究如此深入地同时致力于军事目的"（2004，143）。军事（"导弹"）和人文科学（"使命"）之间错综复杂的关系也弥漫在德里达的《没有末日，没有现在》（*No Apocalypse, Not Now*）一书中。他在书中辩称，知识分子感到必须解决被剥夺公民权利和危机的紧迫性与日俱增，矛盾地导致通过瞬时行动技术不同程度地加速这种压迫。但是，新技术与主体对速度精英主义所产生的对他者的感知以及由此产生的融入他者的欲望之间的关系，可以通过德里达的《档案热》（*Archive Fever*）和《他者的单语主义》（*Monolingualism of the Other*）来最好地说明。德里达在这里关注的与其说是当代大学，不如说是思想在交流技术（如语言）中的定位与权威的出现以及（学者和激进分子）赋权之间的联系。请允许我稍稍离题，谈谈德里达的论点，因为它将阐明激进主义研究项目对大学更新的主张。德里达在《档案热》中使用并批判了精神分析。他指出，如果精神分析说明了档案和记忆是如何通过压抑来工作的；同样，它自己的权威也必须建立在镇压其自身镇压的象征性和物质性暴力的基础上。毕竟，这使得分析师对症状的"客观"解释成为可能。德里达继续认为，如果这种抑制的基础，如西格蒙德·弗洛伊德所声称的那样，存在着死亡驱动，那么我们当前无处不在的技术"档案热"——存储和交流思想的疯狂欲望——一定意味着今天有许多死亡驱动在起作用：暴力、压抑和重复（1996，98）。通过归档技术的迭代速度导致了源头消失的感觉，因为副本不停地层叠在副本上。这种模拟的后现代舞台引发了一种对失去的起源的永久性怀旧，这反过来又激发了各种原教旨主义的表现。重要的是，这些原教旨主义声称要"恢复"失去的起源，但这种起源只是无休止的技术加速和模拟带来的幻觉。正如我在第三章中强调的那样，对一所从根本上"原创"和纯粹的大学的怀旧之情，正是受加速技术启发的原教旨主义的一部分。

弗洛伊德把机器比喻成记忆，把机器与记忆等同起来，这让德里达得出结论：存档机器实际上是心灵的内在。简而言之，我们通过机器来思考和记忆——机器不是外在于主体，而是"起源处的假体"（1998，1）。正是这种幻想，即机器在我们之外，与我们保持着谨慎的距离，才允许我们有作为一个自主主体的感觉，以及该主体对他者的感知。因此，像吉鲁克斯和阿罗诺维茨那样对"原创"大学的怀旧欲望也很容易产生与典型学术主体的他者联系的愿望，如非西方人士、激进分子或新自由主义颠覆者团体。因此，通过人文主义主体的话语、制度和技术，满足对这种联系的渴望往往会导致某种技术上的新殖民。联盟和联系越来越多地建立在那些已经可以被新的感知机器思考、理解、感知或识别的事物（方面）上。以这种方式理解，这些新的大学项目赋予各种形式的"非西方"或另类全球主义活动团体激进变革的虚幻地位，掩盖了这些团体为速度精英服务的相对差异。社交媒体和互联网则意味着新技术在当代社会、个人和各种形式的交流分层中更加积极和无处不在。它还意味着对这种交流形式的所谓透明度的持续信念，以及超越制度边界的愿望，尽管这种信念越来越是由这种认识体系（他者）的循环逻辑所带来的错觉。

在《学术加速》（*The Academic Speed-up*）一书中，弗雷德·莫滕和斯蒂芬诺·哈尼准确地阐述了当代学术界参与他们所称的"生产控制论的内化"（1999，18）的方式及其在帝国主义冷战逻辑中的背景。莫滕和哈尼对认为危机是当代独有的言论持谨慎态度是正确的，相反，他们声称危机总是资本主义的一部分，因此任何学术项目都需要在这样的经济逻辑下证明和再现自己。因此，怀旧于学术界已逝去的"黄金时代"不仅是错误的，而且是危险的，因为它试图在学术独立、平等合作和自治的幻想中动员抵制的理由。相反，这些幻想本身是学术生产模式的效果，以及后者如何产生新的包容和排斥形式，创造了一种"组织有希望的想法，以及……真正回报的方式"（1999，12）。根据莫滕和哈尼的说法，从装配线类型的学术工作向当代的加速发展涉及通过外包、准时生产和学术界要求"将一系列生产地点连接起来"（1999，13）的灵活性来提取学术剩余劳动力的更新和更有效的方法。虽然他们认为这种"时间和空间的重组阻碍了与替代者联盟的形成"（1999，16），但我从他们清晰的分析中得出结论，即学术的加速恰恰鼓励了在其以前的制度墙之外建立联系，尤其是因为这些活动中的许多是无薪的。这种联盟促进了资本主义的加速发展——因此也促进了"相对贫困化"（1999，17），因为控制论空间象征着新自由资本主义下"纯粹和激进思想"的想象潜力。在《做学术工作》（*Doing Academic Work*）中，哈尼和莫滕问了一个关键问题，即知识生产的增长最终为谁或什么服务，而知识生产的增长"似乎总是一件好事"（1998，165）。这一调查使他们得出结论，在战后的学术界，"新产生的知识有助于生产力"（1998，166）。因此，我认为，不仅在学术界内部，而且特别是通过那些使其任务加倍的空间加速了开发。

我认为许多新的大学和行动主义研究项目，通过技术加速矛盾地促成了这种对他者的全球重新分层，这也与雷丁斯有关当代大学的著作有着很好的契合。正如我在第二、第三章所讨论的，雷丁斯在《废墟中的大学》中指出，恰恰当大学的集权权力和知识已经离去时，对大学的强烈对立批评似乎成为可能（1996，22）。更重要的是，卓越大学的功能——一所富有成效但并非完全将其转变为另一个跨国公司的大学——依赖于这样的幻想（德里达也承认在"莫克罗斯"中有过这样的表演），即大学现在是或应该仍然是理性和文化的大学，它最初确实追求普遍的真理、正义和知识。因此，援引知识与真理原创大学的幻想，Edu-Factory 和其他类似的激进学者小心翼翼地寻求对此负责，促进了信息生产的倍增——就好像它仍然是知识和文化进入大学围墙内外的速度空间。我们看到这种逻辑也随着当前对科学和人文学科中"大数据"的痴迷而出现，这使得控制论技术和社交媒体公司在学术上对客观性和透明度的追求的功能融合。根据伯纳德·斯蒂格勒在《技术与时间 2：迷失方向》（*Technics and Time 2：Disorientation*）中的说法，加速的新技术因此导致了新自由主义下当代大学实践的紧张：通过不断向虚拟世界分化而使思维成为可能，但同样地将思维减少并管理到可计算的两倍——从而创造了非思维。斯蒂格勒的观点是带来"划时代的倍增"，这将当前的紧张局势综合成对技术和人类的肯定（2009，7）。虽然我同意斯蒂格勒关于加速度核心的模糊性和翻倍的观点，但他想象中的解决方案仍然令人怀疑。这是由于他叙述了如何英勇地克服这种紧张关系，而在这种紧张关系中，对差异政治共谋性的分析明显缺乏。换言之，斯蒂格勒、激进主义研究以及本章中的概念问题皆是存在歧义的辨别或思考，以真正的"批判性"方式，正如我在第三章中指出其"好"与"坏"的局限。

第四节　生产性跨越：学术界与替代全球化激进主义

替代全球化激进主义——这本身就是一种激进主义的形式，在这种形式中，正如我在我的前一本书 *Ambiguities of Activism* 中所讨论的那样，幻想和影响是完全模糊的——在这里，特别是作为假定的"他者"的功能，因此是真理和正义的真实轨迹，据称"原始和纯粹"的大学将被重新发现。替代全球主义之所以具有这种功能，是因为它本身在很大程度上是由新自由主义的概念和技术构成的。现实与虚拟、西方与非西方、思维与行为以及"可替代的"全球激进主义和学术界的边界，成为新自由主义资本扩张和加速的高产场所。因此，激进主义研究项目和联盟，以及所有如此的叙事——援引激进主义和学术界之间的相互作用作为寻求真理和正义的积极手段——因此是当代大学重新定义的征兆，这是由跨国全球化背景下民族国家的相对危机造成的。因此，大学（如果我们还想这么称呼它的话）在本质上变成了一个游牧机构，能够以联系"真正解放"的激进分子或非西方人民的名义，替代性地出现在各种地理和虚拟空间，只要这有利于技术官僚（再）生产。这种技术赋予的思想和专业知识的传播和加速是人文主义社会寻求进步和解放的愿望的矛盾效果。新的行动主义研究努力是这方面的最新成果——从人文主义和资本主义的角度来看，这是富有成效的。因此，人们可以再次期望，在这些行动中强调迁徙和疏散，以使速度的术语和概念更具价值，例如流动性、灵活性、游牧性、变革和建立联系，以及自治和激进的一般性言论，同时表达对经常被列为新的社会运动和技术的正义项目的强烈支持。无论是在国内（国际）和体制两个层面上，跨越边界的言论在将此类活动描述为自由主义或颠覆性活动方面起着至关重要的作用。某些形式的激进主义或他性的浪漫化，似乎它们蕴藏着"终极正义"，与对理性和文化的原始大学的呼吁交叉孕育，促进了技术赋予的游牧激进主义学术研究倡议的出现，作为产生跨国资本的新空间和机构——似乎启蒙运动的"理性和自治的主体"仍然存在（或曾经存在过）。如果有人不友好，也许可以说，通过这些项目，速度精英主义游行就好像这是正义一样。

Edu-Factory 就是这样一个很有前途的项目，尽管如此，它反映了怀旧的逻辑，加速的感知，以及上面概述的改变的篡夺，以及通过（在线）网络对超越和变革的普遍诉求。它是由大学团体和个人发起的，其值得称赞的意图是反对《欧洲高等教育博洛尼亚公约》，该公约旨在实现欧洲大学意义深远的新自由化。它对高等教育新自由化的大部分质疑都是建构性地想象一所自治的全球大学的可能性，通过辩论同行评议和营利性教育的缺陷，以及更多自我反思的必要性——正是本章也试图回应的问题。教育工厂大力鼓励与当地和全球的学者和活动家进行对话和交流，强调他们得到了"活动人士和学生"以及研究人员相当多的参与，其编辑委员会也由"激进分子"组成（2007，n.p.）。它还与"自治"的虚拟大学有联系，如意大利自我告知网络（Self-informed Network）、洛杉矶自由大学和开放大学，甚至启发了利兹大学激进主义文学硕士的创作。有趣的是，它试图质疑学术抵制的流行表征，并提到其进程"并非没有紧张和冲突"，这将他们引向"翻译、规模和资源"的问题，旨在最初的电子邮件列表外继续扩大其影响。

当然，这一切都是极有希望，正如我在第三章中分析的荷兰大学教职员工和学生的抗议一样。然而，教育工厂的第一份在线宣言讲述了一所陷入危机的大学。在这一危机中，受害的知识工人现在可能处于与工业化时期的工厂工人同样不稳定的境地。该宣言典型地让人联想到旧大学相对没有政治紧张的怀旧形象，而当前的大学恰好被描绘成一个高度政治化斗争的腐败空间，需要"公开知识生产系统中的冲突过程"，以便"建立一个跨国研究网络"（2007，n.p.）。宣言迫切要求："关于当今大学状况的一系列跨国网络讨论。……重要的是，贡献来自各大洲，来自不同类型的大学，来自与大学有不同关系的人。其目的是……探明参与者之间的地理分离关系，创造一种有助于发展新形式的关系和抵抗的集体知识。"（EduFactory，2007，n.p.）。该宣言不仅包含怀旧和危机的言辞，还提出了学者像工厂工人一样成为受害者的问题，而且特别强调了通过电子网络和存档技术实现"差异"的移动跨国联盟。在其电子邮件列表中，世界各大学内部的一系列不同斗争都是抵制新自由化的例子，但没有充分的背景分析或探索其他（种族、后殖民、民族主义）因素在起作用。通过将这些不同的斗争联系在"一个集体"的标志下，Edu-Factory 成功地将其列表和主页的运营和辩论（由意大利网络公司阿鲁巴主办）扩展到 Facebook 和 YouTube（在一个名为 EduTube 的部分）等新的在线空间。

因此，其"集体"中的这种分歧和紧张关系导致了某种抵制的产生，这正是宣言通过其相当单一的技术赋权愿景重复人文主义承诺的地方。这导致了一份旨在"开辟新的思考空间"（2010，n.p.）的可免费下载期刊的形成——正是学术需求加倍进入到在线加速领域，如今这一领域将左翼正义与资本主义暴力致命地交织在一起。同样能说明问题的是，教育工厂的措辞和其他偏好工具与那些受到谴责的欧盟高等教育立场的文件非常相似，（如《博洛尼亚公约》）以及欧盟 2005 年《华沙宣言》，后者定义了欧盟当前的政治理念。这些联盟文件同样谈到了跨国参与和合作、通过流动和通信技术进行文化间对话、打击边缘化的重要性，所有这些都本着民主精神和人道主义价值观。唯一的区别可能是，欧盟宣称它致力于"创建一个充满活力的知识经济"，以便在全球范围内开展竞争。但教育工厂的效果和目标最终加起来却大同小异：参与者通过具有"差异"的全球联盟获得信誉，进而使他们的学术工作富有成效地被社会进步和正义的理念淹没，并因此为他们提供了莫滕和哈尼所建议的"充满希望的想法……和真正的回报"（1999，12）。此外，虽然大学当然是一个社会斗争的空间，而不是（事实上，从来不是）一个静态的象牙塔，但将其宣布为"冲突的关键空间"有可能忽视许多当代知识工作者在文化资本和流动性方面的相对特权。因此，人们可以说教育工厂通过在很大程度上强化在线和网络政治，将自己致命地牵连到速度精英主义中，从而成功地保持了（学术）正义的人文主义承诺。

其他新的激进主义研究倡议也经常借鉴速度精英主义自主性和流动性的概念，并倾向于浪漫化学术之外和非西方的变革和激进主义。例如，2002 年成立的逃逸学院（Facoltà di Fuga）是罗马大学（Roma La Sapienza）的一个"独立"分支。它在在线杂志 *MetaMute* 中将自己定义为"自我组织形成的实验"和"网络中的自由大学"，其最终目标是"知识的自由流通和思想的自由运用"（Facoltà di Fuga，2005，1）。在"欧盟自由自治的欧洲大学"激进的意大利重组邮寄名单上，几个未具名的作者表示，该项目的兴起是因为不喜欢意大利大学的新自由化，使之成为"速度、功能和灵活性"的机构（2007，1）——本书同样寻求对这种固定方式进行批判。他们承认，这种新自由化导致了学生之间的激烈竞争，并可悲地导致那些不够灵活、创造性、合作性和流动性的学生辍学。然而，尽管有如此清晰的分析，他们还是有问题地将逃离大学边界概念作为一种内在的颠覆行为。这阻碍了对逃逸学院进入网络、复杂的政治语言和各种当地文化中心等额外学术空间特权的分析。此外，相对主义术语"自我组织"一词不仅假装行为者之间没有性别、阶级或种族等级，还暗示了一个有组织能力的主体——一个拥有知识、思维框架和使用工具、技术来组织会议和邮件列表的主体。因此，他们所宣称的"自由"类型需要一种非常分层的个体：一个能够有效地产生和管理跨组织关系的个体，从而将莫滕和哈尼在《学术加速》（1999，13）中提出的新自由主义下发生的"一系列生产场所"联系起来。

逃逸学院促成了一个更大的倡议危险研究人员网络（Rete Ricercatori Precari），该倡议同样谴责欧洲大学的新自由化。在《全球化、学术灵活性和研究权利》（*Globalisation, academic flexibility and the right to research*）中，他们指出，与雷丁斯的观点一致，对研究和教育国际化的日益增长的需求导致了"类似市场的行为"。这有助于创建严重依赖欧洲层级网络的"卓越中心"，并侵占现有资源，损害"生产力较低"的大学（Rete Ricercati

Precari，2007，2）。他们认为，欧洲层面的立法构成了"自上而下的全球化"，应该由"自下而上"的立法来应对。为此，他们建议"……形成一个研究和文化交流的后国家公共空间。在这个过程中，国际化将被视为一个旨在发展相互承认和接触的实践过程"（2007，2）。根据他们的观点，其形成过程应该主要通过网络空间发生；因此，只要本人愿意，空间将允许他以人文主义的方式行使他的"研究权"。同样，出于善意，我们看到了新媒体在此是如何维护一个潜在正义的虚幻空间，尽管如此，它还是在话语上和技术上直接推动新自由主义的加速。因此，不出所料，危险研究人员网络的这一论调再次非常紧密地呼应了《博洛尼亚宣言》和《里斯本宣言》中关于大学新自由化的欧洲论调，其跨国重点是创建"虚拟和终身学习，以及教育形式和评分的同质化，以促进等级和文凭的相互承认。危险研究人员网络要求"知识自由流通"的事实也与雷丁斯和狄恩认为的晚期资本主义的核心前提是一致的，即需要更多的流通和更多的活动，无论其内容如何。作者们还有趣地指出，在危险研究人员网络内部存在一种分歧，即要么将欧洲视为"限制和约束的空间"，要么视为"自我组织和集体动员的空间"（2007，2）。他们关于"网络中的替代大学"的建议表明，前者和后者的观点可能是一致的，因为正是欧盟自身的速度精英主义基础设施恰恰允许这种新形式的流动性和自我组织。作家们使用的"自上而下"（欧盟）与"自下而上"（学术激进分子）之间的对立——这种对立在 UvA 案例和一般的交替全球主义言论中也非常普遍，就像在弗莱雷案例中一样，非常有问题。简而言之，危险研究人员网络在他们反对激进主义和学术界的赋权策略中重复了欧盟式新自由主义的逻辑，同时将权利和自由的"自我组织"主体的人文主义神话加倍到"虚拟"空间中。

尽管逃逸学院和危险研究人员网络没有明确地与替代全球主义运动结盟，但他们反对新自由主义的呼吁，以及为"受压迫和边缘化的人"的斗争而进行的在线思考和研究，使他们非常适合创建这样的联盟。这种对"为被压迫者服务的知识"的呼吁在 Investigació 研究项目中得到了更明确的体现，旨在将社会运动激进分子与大学研究者的议程结合起来。在他们 2004 年于西班牙举行的关于"社会运动和激进行为研究"的第一次国际会议的广告传单中，Investigació 同样巧妙地指责知识的新自由主义私有化是当前社会排斥的主要原因。相反，在他们看来，知识应该从"激进研究的焦点"中产生。这应该包括"来自和为社会运动而进行研究的实际主体"，而不是来自那些生活在学术界特权空间内的人（Investigació，2005，1）。会议有望被设想为一个"邂逅和自我形成的空间"，"自我构成一门学科，以便我们能够克服学术界常见的虚构的区别"（2005，2）。因此，根据调查，知识将"从我们自己的主观性（与追求科学的'客观性'）中产生"，没有限制或等级（2005，3）。

但是，Investigació 研究项目远非所谓可以克服任何虚构区别的"学科自我构建"，而是严重依赖激进主义和学术界之间常见的虚构区别来验证它们的实践。他们通过将自己的主动性与学院派的虚假客观性进行对比，并声称自己处于与"象牙塔"相对的边缘，来验证自己的知识生产，仿佛象牙塔是一个稳定的区域，人们可以脱离外部世界，从而客观地分析。此外，当一个人有时间、技术、空间和人脉来组织像 Investigació 这样的活动时，人们可能会想知道他实际上在多大程度上是站在象牙塔边缘说话。"不受限制地从自己的主体性"中产生知识的愿望（2005，3）类似于神话中的人文主义叙事，即打破和改进以前的知识——学术机构也注入了一种知识创新的形式。因此，"卓越大学"以及它对像 Investigació 这种项目的怀疑，是它重复进入进步和加速的新自由主义神话空间（有所不同）的结果。创造越来越多的"生产、交换和集体反思的空间和机制"（2005，3）确实正是晚期资本主义试图通过扩大其"视觉机器"来打造的，只要这种反思能产生生产的集约化。认为新自由主义全球化对社会运动的主观性影响不大的观点是非常有问题的。事实上，这样的想法暗示了一个关于这一主题的实证主义观点——类似于所谓客观的学术个人调查试图推翻的观点。然后，Investigació 有点怀旧地讲述了一个不受权力结构和技术影响的主题。事实上，Investigació 倡议展示了激进主义研究的主体是如何通过重塑激进主义和学术界之间虚构的区别来赋予自己权能。他 / 她通过再现这种对立来实现这一点，这反过来又共同创造并加速了这些"新空间"——旨在促进全球资本主义及其速度精英，并允许通过监控技术完善军事力量。

在有关 Investigació 的言论中，也有很多人呼吁参与者在合作举办国际活动中变得积极和富有成效——当然，没有任何金钱报酬。他们建议，与会者不仅应在会议上相互接触，而且应特别通过 Investigació 项目为开展激进主义研究而创建的在线空间进行交流。"行动起来！"他们的宣传单上写道，"……让它成为你的会议！"这种对作为创造性生产中心的主体—个人的诱人吸引力，在新自由化消费主义及其对控制论交互性的强调中非常普遍。但这也是错误的，因为它给了参与者一种他们实际上没有的对调查的控制感——最终，主要组织者（已经）设定了议程并分发了利益。简而言之，组织者未能通过假装每个人在这个项目中都享有同等的特权——例如，不要求金钱补偿——来定位自己，奇怪的是，这一失败是他们试图恢复更民主的学术结构的结果。就实际会议及其网站而言，这种集体或消费者控制的无效性变得显而易见。从激进学术研究界对颠覆技术官僚全球化的普遍影响来看，这种控制错觉也很明显。与大众涉猎个人逃避现实的普遍观念相反，我认为世界各地的许多个人实际上在政治上越来越活跃。尽管如此，这种活动似乎越来越无法达到对抗或颠覆新自由主义全球化的预期效果。正如我将在本书结束时回归到鲍德里亚在《媒体意义的危机》（*The Implosion of Meaning in the Media*）一书中所说的那样，这是因为在资本主义晚期，积极参与政治活动的愿望实际上越来越成为一种加速的功能。总体来说，政治活动成为资本主义循环背后的重要动力，新技术以其即时性和模拟性强化了这一过程。因此，Investigacció 没有看到他们对激进行动的呼吁和他们的反学术立场含蓄地支持了一个富有政治活力主题的特别理论，这也是速度精英主义的基础。

  Investigacció 的观点认为，研究应该完全为自由主义社会运动服务，并为自由主义社会运动的荣耀而开展。这实际上是将社会运动激进主义置于一个基座上，错误地导致对这种激进主义在加速发展中共谋的任何批评都被取消。然而，矛盾的是，正是这种暂时性的止赎，使得正义理论能够关注并执行正义，就好像它的实践是"真正的解放"。这种止赎策略的一个特别生动的例子是一个自称"Glocal Research Space"的组织的"激进主义研究"。这个团体来自巴塞罗那的 Infoespai（信息空间）项目，该项目旨在通过大众和新媒体解决方案向非营利组织和社会运动赋权。"Glocal Research Space"这一名称已经暗示了一种有问题的全局和局部的融合，指向某些地方和空间的瞬时连接，以及特定类型的局部性到全局的技术延伸。这篇文章提到，社会动员的热情与日俱增，似乎伴随着激进主义研究倡议的强劲出现，尤其是在欧洲和它最喜欢的其他地区之一——拉丁美洲。虽然这一见解可能有助于分析这种现象是如何作为新自由主义的症状出现的，但他们仍然认为这种出现证明了一种"新形式的承诺和对立的主体性"（2003, 18）。此外，他们声称社会研究应该："追求创造一种以其实际有效性为价值的知识的研究……而不是传统学术方式中客观的、深思熟虑的理论知识。也就是说，这种知识可以被添加到社会动员中；一种能产生并最大化行动的知识。"（2003, 18）对沉思的妖魔化，以及经济学家对"最大化行动"的渴望，听起来出奇地接近加速生产的速度精英主义话语，试图消除任何可能使行动与思考之间的对立复杂化的怀疑、"噪声"、延迟或"不切实际"的批评。我认为简单地使行动最大化并不能说明这种行动的效果，而行为自动具有颠覆性的暗示不仅重复了活动主体控制其行动结果的幻想，而且也回避了对这种行动复杂性的任何批判性反思。同样值得注意的是，这种对活动强化的呼吁是通过反对一个神话般的学术空间而产生的，就像我在第三章所批判的怀旧主义一样，又好像大学空间是或者曾经是纯粹客观和理论的。在这篇 Glocal Research Space 中的文章进一步指出，激进主义研究也应该是"游牧和旅行"的，它应该"在没有对象的情况下，从受试者—研究者和受试者—被调查者之间的关系中产生……"（2003, 18）。他们在这里正确地指出，学术客观性是一种错觉。尽管如此，他们继续通过声称从事这些项目的人不像学术研究者那样"公开他们的动机和观点"（2003，19）来验证激进主义研究。他们甚至颠覆了客观性的叙述，转而支持激进主义研究，称后者克服了学术制度化，因此"产生了供普遍使用的自由、公开、包容和非歧视性的知识"（2003，19）。这一陈述，以及他们之前关于传统学术知识是"客观"的论点，有效地驳斥了他们之前关于客观知识是幻想的论点，从而也展示了学术"视觉机器"的核心。

　　"激进主义研究"展示了 Investigacció 和 Glocal Research Spac 对正义的呼吁是如何通过话语性地重复行动－思维辩证法，并最终通过使自己与行动的本体论概念相一致来克服这一紧张关系，从而使其特殊性普遍化。但是行动的正当性仍然取决于行动和思想的特定人文辩证法。因此，他们的主张无意中抹去了这种激进主义研究是如何始终被置于和局限于其技术经济背景下，同时使任意类型的不符合人文主义观点的研究或经验噤声。因此，这一主张使客观性和透明度这些有问题的概念再次成为社会变革的首要逻辑。"由社会运动产生的知识"（2003，19）可以以任何方式被透明地解读为客观真理，而不是学术知识的观点，不仅抛弃了学术实践在文化和历史上是偶然的可能性，而且作为一种赋权工具，采用了将自己写进边缘的策略，掩盖了允许这种赋权形式的特权。同样有趣的是，"激进主义研究"要求"课题研究者"和"被调查对象"进入"写作过程"（2003，18），甚至认为理想情况下，研究者是他／她调查的激进分子。这表明研究者和被研究者之间界限的混淆似乎使传统的学术场景复杂化，尽管我认为主客体之间不可分辨的纠缠在今天总是存在的。然而，正如 Glocal Research Space 所做的那样，认为主体和客体应该进入合成过程的前提是它们最初是谨慎的实体，然后需要某种游牧式的跨越。这再次表明，激进主义研究的联系是高度有效的。同样，例如，西班牙诺马达大学（游牧大学）对游牧的强调唤起了这一在线思维空间的人文主义必要性，这实际上是各种形式的跨界加速的必然结果——因此在其网站上强调了"混合性"和"跨民族主义"（Universidad Nómada，2010，n.p）。该网站还通过其主页上街头活动人士的图像来宣扬大学的某种激进情绪。事实上，该网站的主页是由位于加州的美国公司 DreamHost 主办的。

　　因此这些新的、分散的、在线的"思维空间"，如教育工厂、逃逸学院、Investigacció 和 Glocal Research Space，与新自由主义资本及其殖民化的主要工具对网络化过度生产的不懈渴望所需要的持续信息流密切相关，就像我在第二章讨论的网络化学习的例子。从假定的自主位置克服大学的当代约束的言论本身，牵涉到通过独立思考和透明交流的神话将雷丁斯的"卓越大学"复制到网络化空间。正如德里达所建议的那样，思想在这里确实被正式归入了新自由主义资本的范畴。换句话说，思想既是有限的，也是由当前技术速度的视域所产生的，而其本身就植根于超越和透明的人文主义承诺。有鉴于此，当代学术界对人文社会科学的痴迷在于分析或定位这些项目和人群中的颠覆性潜力也就不足为奇了，比如那些参与网络激进主义和联盟的人，他们在速度霸权中验证了学术界自身的可能性条件。

第五节　通过"社交媒体"传播"社会变革"

大学的正义、社区和平等理想的实现非常依赖于新的通信技术，因为这些技术总是被错误地视为这些理想的直接体现或化身。从逻辑上讲，我们可以看到，围绕社会变革的许多学术和非学术研究中心，在互联网上掀起了一场风暴，类似于学术"视觉机器"的扩张，试图吞并某些后殖民地国家。但这也不足为奇，因为正是冷战期间美国大学和美国军方之间的密切合作导致了早期互联网（阿帕网）的诞生。这意味着，从根本上来说，学术界与军方共享其透明度、连通性和沟通的理念，以及将越来越多的人和地方纳入其统治之下的普遍趋势。为此，约瑟夫·沃格尔在《成为媒体》（*Becoming-Media*）中认为，新媒体强化了这样一个事实，即任何媒体，在"传播的行为本身同时传达了媒体自身的特定事件特征"（2012，628），因此，这些具有军国主义目标逻辑的新技术，正如他在《论犹豫》（*On Hesitation*）中宣称的那样，将"全球世界[变成]一个具有普遍可寻址的世界"（2009，144）。正如我先前通过鲍德里亚的工作也讨论过的那样，由于新媒体技术的基本逻辑是模拟和伪装的结合，我们可以期望发现，这些研究中心的网站在许多重要方面掩盖了它们使用新媒体的方式，这些方式涉及全球许多国家日益严峻的经济和社会形势之间的联系。一个更明显的例子是，社交媒体中的前缀"社交"实际上隐藏了其在社会零碎化中的共谋；"社交"媒体假装具有社会性，实际上消除了与激进的他者接触的可能性——或者那些不认同或不遵守利奥塔式的"传播主义意识形态"的人。另一个例子是，这些研究中心的许多网站在其在线地址中显示域名后缀".edu"或".org"，似乎它们与带有".com"或".gov"后缀的资本主义实体无关或对立。例如，总部设在阿默斯特的通信促进可持续社会变革中心（CSSC，http://csschange.org）、昆士兰大学通信和社会变革中心（CFCSC，http://uq.edu.au/ccsc）或总部设在新泽西和伦敦的非政府通信促进社会变革联合会（CFSC，http://www.communicationforsocialchange.org）。尽管如此，所有进出这些网站的流量都是通过 ISP 和 IXP 进行的。正如我之前提到的，这些 ISP 和 IXP 大体上主要是由少数几家北美公司拥有。

现在，我想强调的是，毫无疑问，在这些中心和组织的庇护下，做了许多有益的工作，我绝不希望脱离这些实体所代表的正义和平等的左翼精神。但我确实认为，尤其是这些实体对新的通信和可视化技术的求助，说明了这些理想的加速和随后的转移是如何达到今天的顶点。这是因为新媒体的使用为其受众——无论如何，他们已经首先是社会的特权阶层，这些技术对他们有利——带来了变革、交流和创新的范式，所有这些都是通过网站的内容和设计实现的。例如，CSSC 网站宣称，其主要目标之一是提高决策者和行政人员对所谓发展中国家社区发展的"创新应用通信和技术进程"的认识。它还主张为交流和社会变革的目的建立跨学科国际联盟。与此同时，CFSC 网站声称，"在边缘化社区中，利用通信促进集体利益的潜力巨大"，因为"自 20 世纪初以来，通信一直是发展的重要工具。"他们的部分使命是"帮助生活在贫困社区的人们进行有效的沟通"。该网站还非常符合新自由主义对技术变革的痴迷，着重强调"在交流中培养创新、研究和学术"的作用。它展示了许多非洲人民和社区日常事务的照片，如捕鱼、准备食物和跳舞，以暗示通信工具的传播和围绕这些日常活动的所谓"增效"之间的联系。同样，在这些声称帮助人们自助的发展叙事中，存在着一种明显的优越感。这表明这些组织仍然在很大程度上遵循其殖民主义和救世主传统的"善举"，目的是"启蒙原住民"。

与 CFSC 网站相似，CFCSC 网站上充斥着澳大利亚原住民、印度和其他亚洲农村社区的图像，以及少量的白人面孔。展示这些照片似乎是为了"证明"传播的必要性和使用媒体的乐趣。这种"证明"类似于，例如在所谓的"阿拉伯之春"期间，埃及的抗议者举着"脸书"和"推特"的标语，不是因为这些标语本质上具有革命性，而是因为这些抗议活动的壮观画面是主要为西方国家和全球特权阶层所消费的，他们迫切需要重申技术创新的解放承诺。"他者"是指 CFCSC 和 CFSC 网站被描绘成"真正"希望与这些中心交流和合作，而事实上，这种"需要"是由新媒体工具涉及的全球不平等权力关系以及促进者与此类"他者"之间的不平等权力关系产生的。再一次，真正的激进主义通过展示一个"他者"而被抹去，显然对这个发展和创新的全球金融体制没有任何挑战，并且可以被善意的学者和活动家"纵容"和"解放"。正如约瑟夫·沃格尔在《论犹豫》中敏锐地评论，这种愉快合作的形象和故事给人的印象是"朋友和敌人一样亲密，几乎无法区分"（2009, 144）。因此，它们模糊了组织者和研究人员与这些人进行某种"横向"对话的多种方式。这些人在世界上的整个生存方式在根本上受到有利于资本主义生存逻辑的挑战。例如，有趣的是，澳大利亚原住民文化传统上强调至关重要的非交流性和隐秘性，这是地球存在的重要组成部分。这一世界观在一个痴迷于普遍交流性和透明度的全球世界中注定会消亡。因此，这些学者、研究人员和活动家所犯的普遍的概念性和机会主义错误是依赖于技术改进后的通信——同样，很大程度上与香农和韦弗一脉相承——与普遍的民主化、完美化或处于威胁下的社区解放之间的类比。在 20 世纪 90 年代一些社会参与的人文学科中，一个非常相似的失误涉及吉勒·德勒兹和菲利克斯·瓜塔里在《反俄狄浦斯》（*Anti-Oedipus*）中对"组合"和"根茎"的修辞的错位重叠：资本主义和精神分裂症，以及互联网所谓的"横向"结构。这种对新媒体功能的误解是由于符号学领域与资本主义信息流加速的融合；在这种情况下，"激进"的内容变得不透明，并在全球金融化进程中悄悄地使新媒体的实际功能合法化。再者，这些新的社交媒体的真正目的在于它们的操作性，而不再是代表性层面。

因此，关于技术进步、建立联系、提高流动性和激进学术联盟的跨境论述，往往与对联盟团体之间高度中介化的行动和交流空间的（隐性）庆祝齐头并进。然而，这些论述压制了这些技术空间的暴力殖民、资本主义和父权制历史，以及随后任何此类联盟的不平等。更严重的是，他们通过"真正"的神话，在这个空间中允许根本的差异和多样性——一种技术包容性，反过来又排斥各种非技术群体和较慢的阶层——来培育一种压迫性的假想的"集体"或"斗争的统一"。希拉·斯劳特和加里·罗迪斯在《学术资本主义知识 / 学习制度》（*The Academic Capitalist Knowledge/Learning Regime*）中对高等教育转型的研究也表明，这些高度中介化的思想和知识生产空间是排他性的。斯劳特和罗迪斯认为，新技术允许新自由主义大学以开发、生产和效能的名义准确地跨越大学和外部营利和非营利机构的边界，导致他们所说的"新知识回路"。反过来，我认为新自由主义经济创造的这些"机会结构"（Slaughter & Rhoades，2004，306）恰恰成为了那些想象空间的象征，而且是大学人文主义者向他人伸出援手的承诺的结果。自相矛盾的是，这也导致了斯劳特和罗迪斯准确地认定为"学院和大学之间和内部的再分层"（2004，307），我在本书中同样将其标记为一种自体免疫症状。

这一章已经证明，今天，社会科学家和人文主义者希望利用交流工具来推动社会变革，却发现自己越来越处于两难境地，即使他们越来越不承认这种困境。作为所有学术职业基础的交流和传播必要性之间的紧张关系，在 20 世纪 70 年代通过"对话""横向性""自我转变"的特定论述，已经演变成了在 20 世纪 90 年代新媒体和社交媒体时代预示的机械"互动"。这些论述和实践都建立在一个根本错误的概念上，即交流是意义的传递，因此是社区的"改善"。在通过此种被误导的交往观念来实现学术职业化和合法化的过程中，传播主体的相对"他者"被曲解为激进的"他者"；换句话说，对更新媒体工具的渴望被错误地认为是排斥新自由主义全球化进程或抵制其继续前进的渴望。因此，这种当代形式的经济加速传播（及其利用它来进行社会变革的理论和实践）矛盾地导致某种有问题的惰性或墨守成规以利于当代权力和特权节点。归根结底，教育工厂、逃逸学院、Investigació、

Universidad Nó mada、危险研究人员网络和全球本地化研究空间的问题还在于，这些项目带来了一种非常特殊的征服形式，给速度较慢和技术含量较低的阶层带来了可怕后果。这并不意味着上述项目完全被误导或欺骗；相反，我的观点是，所有这些项目和实践，以及这本书，都在尽职尽责地表现对正义和民主的追求，皆存在于一个让资本主义加速这一追求中所包含的意象的疑难结构。我们对正义的追求也必须质疑今天这种追求所采取的特别加速的形式。正是在这里，我们最强烈地注意到当代大学的自体免疫力，因为它极度屈从于自己对透明度的追求。这种逻辑的局限性尤其表现在鲍德里亚的《媒体意义的危机》（*The Implosion of Meaning in the Media*）和《致命的幻觉：最终方案》（*The Final Solution in The Vital Illusion*）在这两部作品中。这种循环逻辑的效果及其与超越修辞的关系在其中表现尤为突出。起初，人们可能会认为鲍德里亚的评估证实了我对激进主义研究项目的分析性怀疑。在《媒体意义的危机》中，鲍德里亚从这样一个前提出发，即在我们媒体饱和的社会中，信息的增加会导致意义的丧失，因为它"在传播的过程中自我耗竭。"新的媒体技术加剧了主体对透明传播的幻想，而越来越多被传播的仅仅是相同的副本，一种"对传统制度的负面循环"（1994，80）。新技术只是这种传播幻想的物化，而这种技术官僚体制的"诱惑"（1994，81）存在于维护这种幻想的积极政治参与的要求中。这将转化为对自我主体性的呼唤——发声，参与，并"发挥……主体性的解放诉求"（1994，85）。他说，这个系统不断强化的循环逻辑结果是，这不仅意味着媒体的崩溃，也意味着大众中社会的崩溃——"超现实"的构建（1994，81）。反对全球本地化研究空间的主张，即这种结盟实践是"没有客体的"（2003，19），但这并不意味着客体化不会发生。相反，与鲍德里亚的论点一致，在速度精英主义下，自我主体化的冲动和个人的客体化是并行不悖的，将个人牢牢地锁定在她或他的技术官僚条件下的两难处境。事实上，在"激进主义研究"中的论点"研究（应该）是一个有效的过程，其本身就是一个结果"（2003，19），描述了雷丁斯"卓越大学"的条件。由于技术的即时性，任何研究活动都立即转化为信息流增加的资本主义结果（Readings，1996，22）。活动主体和其他人成为这样一个信息流系统的控制论对象。"激进主义研究"对自由、旅行和游牧研究的坚持只是为了确保这种增加流量的逻辑得以重复。由于这种对增加流量和联系的渴望，激进主义研究项目在倡导速度精英的话语和工具方面自相矛盾地高度排外。因此，像教育工厂这样的项目或激进主义和学术界有效交叉的问题不仅在于它们的政治情报意味着更多的信息（和意义的丧失）以及更多的资本主义生产，而且在于它恰恰相信那些控制、沟通和"政治化"的技术和幻想，这些正是当前生产过剩逻辑的基础。但我们该何去何从？为什么要写一本内容大同小异的书呢？显然，关于资本通过人文主义思想和政治手段同时加速的问题，我们可以也应该说得更多——毕竟，这一章，甚至整本书本身也是当前大学新自由化人文主义要求思想富有成效的表现。如果说今天的人文主义基本上已经演变成了速度精英主义，那么面对加速的两面派肯定也无疑带来超越新自由主义的变革。本书的最后一章将试图通过回归到第一章中建立的复杂性和破除第二、第三、第四章中描述的不可能性，不带怀旧之情，兴致勃勃地加剧大学迫在眉睫的死亡。

第五章　一所受致命伤害的大学？

第一节　在激情和疲惫之间挣扎

正如我们可以从前几章的讨论中收集到的，以及我在第一章强调的那样，当代大学与其说受到外部"贪婪企业"煽动的新自由主义攻击，不如说受到自身对知识和民主的追求产生的"自体免疫紊乱"的困扰。第二章通过将弗莱雷革命性的教学工作和自下而上学习（特别是通过新媒体技术）的善意呼吁置于第二次世界大战后大学创建理念持续机械化和控制论化的背景下，阐述了这一疑难追求加速产生的负面影响。本章进而分析了新加坡对学生创造力和批判性的呼唤是如何加速并取代了白人和男性主导的伦理教学和伦理批评。第三章反过来指责奥特加·伊·加塞特的修正主义作品以及吉鲁克斯和阿罗诺维茨令人钦佩的号召中对失落的民族文化或学术文化的怀旧问题，并表明任何对荷兰背景下透明教学"路线图"的痴迷——无论这些路线图是方法论的还是理论上的——最终都会沦为对欧洲中心主义思想稳定基础的类似虚假怀旧的牺牲品。第四章最后指出，将"他者"转化为交流主体的激进学术责任在今天已成为一种日益压迫性或扩张性的姿态，从而使善意的学术激进分子如今发现自己处于双重困境。本章还通过分析欧洲背景下各种替代性全球大学项目借由交流传播方式与速度精英主义的合谋共事来说明这一点。正是通过大学发起的围绕逻辑计算、通信和媒体技术，寻求增强对所有人的控制和解放的研究项目，这种对透明和民主的追求扩展到几乎包括现代生活的所有方面，而不是大学生活本身。将当前大学的变革称为正在进行的"新自由主义"只有在这一范围内才是恰当的，因为这一称谓暗示教学和探究的自由主义精神一直存在问题，这也奠定了早期大学的基础，例如洪堡的教育理念。正如我所指出的，这也意味着怀旧地再现一所前"自治"大学的"纯粹"研究和教学是虚假和无益的，因为它不仅沉浸在性别、种族和殖民主义的假设和努力中，而且这种怀旧之情令人们希望回归"纯洁的起源"，以通向更加公正和友好的前进道路。因此，这种被误导的"前进"之路只会导致对大学在道德和理论上令人振奋的追求中所扮演的重要压迫性角色持续视而不见，最终试图将所有捕获的人和事物都纳入大学所需的"视觉机器"。此外，这种立场将否认学术界的核心问题在于其理想主义的核心。可悲的是，围绕其教学和研究议程的持续强制性乐观主义是通过同时产生某种未被承认的悲观和绝望来同步实现。

因此，我们可以建议，当代大学今天以一种加速的方式解构自己，这在其领域内产生了一系列加速和加剧的紧张局势。就其工作人员和学生的精神分裂经历而言，他们试图以最良好的意愿开展教学和研究活动。这些紧张关系在欧洲和亚洲的局势下以略有不同的方式存在，因为尽管亚洲大学一直意识到它在（后）殖民全球经济中的补充作用，但欧洲大学仍然对批判性思想、文化熏陶和科学方法的所谓基本积极作用保持着更盲目的痴迷。也正是由于这个原因，批判性人文学科在这两种情况下都成为紧张的中心场所，因为大学理想中固有的自体免疫在这里作为文本复制的实际修辞内容的一部分呈现。正如我在本书的各个阶段所暗示的那样，这也将本书自身纳入加速透明的逻辑中，因为它的说明性和批判性分析只能有效区分通过戏剧表演方式研究的启蒙性主体研究者和启蒙性客体，所有的理论都必然建立起来。换句话说，积极的社会变革和正义的理想在本书中通过动员和最终揭露错误的对立，如加速与减速、透明与盲目、东方与西方、乐观与悲观等来实现。因此，公平地说，这本书在质疑各种理论家的立场和角色时，比如奥特加·伊·加塞特、弗莱雷，以及那些主张建立一所新大学以及他们的教学和研究模式的学术激进人士，不仅追随了他们的脚步，而且扩展了所有这些文本中散发出的乐观精神。毕竟，如果不是对更美好的未来抱有一丝希望，那么这本书的技术辅助式写作和传播从一开始就已经是注定要失败的努力，因此，这种希望正是本书陷入研究成果过剩这一逻辑的原因。

这里必须强调的是，即使批判性的人文学科构成了本书中阐述和执行大学自体免疫的主要场所和证据，这种疑难逻辑在所谓的硬科学中也有同样多的回报。人文主义者和社会科学家经常错误地指责硬科学更加符合新自由主义和明确方法的要求。正如我在第一章中指出的，通过利奥塔的《后现代状况》，虽然人文主义者和政策制定者可能会呼吁实证主义和诠释学知识相互对立，但这种错误的对立忘记了两者都牵涉对世界及其公民的全面理解的追求（1979，14）。它还忘记了科学依赖于主观叙事，就像诠释学依赖于以主题为中心的解释模式一样，使得任何这种对立的行为也通过要求研究人员进行"跨学科研究"的方式，如荷兰乌得勒支大学的情况——最终成为技术加速围绕的另一个焦点。除了围绕大数据建模的"硬"科学中的问题外，我们还可以看到最近出现的难题，例如，计算科学中密码学的出现，其中极限计算速度的应用和隐形操作越来越紧密地联系在一起。"硬"科学似乎自我解构的另一个例子可以从量子物理学对恰当地被称为"上帝粒子"的探索是如何与极端的不可知性携手并进中看出的。因此，沃纳·海森堡在《物理学与哲学》中对量子物理学中不确定性原理的精彩辩护，也可以被解读为标志着大学知识收集项目的自体免疫的必要回归，以及它在经验科学的主体与客体概念中的选择性体现。海森堡在 1958 年"冷战"高峰时期所作的富有启发性和复杂的解释，是控制论、核理论和速度精英主义时代的征候，而不仅仅是物理学为毁灭性武器提供理论的角度，还因为他的论证形式加剧主体、客体和现实的不确定状态，类似于并破坏了通过知识的积累消除所有不确定性的可能性。反过来，我们可以把这一见解与几年前大型强子对撞机启动时在大众媒体上流传的末日预言联系起来。其中，量子物理学的前沿实验产生了破坏经验知识收集的极限以及毁灭人类自身的幻想。因此，这种世界末日的叙述表明，尽管预测机器试图关闭未知在不久的将来回归的可能性，但矛盾的是，它们同时也产生了更多的不可知性以及激进创新的承诺。这种激进的创新最终可能只是维利里奥事故的一部分，然而，就目前而言，科学似乎受到了影响——这与其说是因为科学实验和论文的过度生产，不如说是因为它们通过严格的实证方法和控制论模型缩小了视野，因而具有某种创新惯性，缺乏新的视角。毫无疑问，还可以提供更多来自"硬"科学的例子，但这本身就值得进行广泛的研究。

因此，根据各章中提出的分析，本书得出结论，今天大学的核心逻辑显然已经变成某种"隐形"功能——完全透明的另一面——这导致了对其员工和学生的高度歧视性做法，也影响了其社会功能。这种功能是通过隐藏其内部和外部操作的分析产生的，有利于大学"客观性"和它"处于知识、解放和真理前沿"的（虚假）形象，因此矛盾地出现在它自己发起的对透明度和控制的追求中。在所谓"数字人文学科"围绕"大数据"展开的争论中，这种矛盾表现得最为明显。正如我在第四章中所讨论的，"大数据"不过是一种讽喻——隐喻当代大学自体免疫功能的崩解。因此，本书控诉当代大学，声称由于这一逻辑，一种令人窒息的"生产主义"原则支配着大多数当代大学，将其他不符合这一逻辑的一切贬为"不可理解"和需要清除。根据本书，学术思想、研究和教学以及加速计算和可见性技术之间的联系是可以建立的，因为一般的技术表征（例如，在"优秀研究"的表征中）总是指向其更大的社会经济文化逻辑。

在某些方面，欧洲大学仍然比亚洲大学更无视其反常性。在亚洲大学中，一些学生至少更快地认识到了欧洲中心主义的本质，例如伦理学教育。这一点在工会最近试图解决荷兰乌得勒支大学教师职业倦怠问题时也变得非常明显。在 FNV（荷兰工会联合会——代表荷兰学术界的主要工会联合会之一）设立的一个研讨会上，导致教师压力加剧的主要原因据说是工作时间过长，失去了对教学档案和课堂内容的控制。虽然我当然部分同意这一诊断，但这种解释让许多学术工作者摸不着头脑，他们可能不知不觉地认同大学的理想，同时经历越来越多的双重束缚、身份混淆的困惑和紧张。这方面的一个例子是，许多讲师，即使他们注意到，例如，创建一个所有最终目标和评估标准都尽可能明确的课程大纲会产生大量额外的工作，但他们仍然为这种荒谬的、最终违背教学透明度的做法辩护，称其为"迎合学生的需求"。换言之，他们最终的倦怠（正如一些心理学家也正确地声称的那样）实际上是他们对理想激情的另一面，并且他们越来越意识到这种激情不仅被剥夺了，而且构成压迫和象征性暴力的形式是实现这些理想的重要组成部分。对这种根本的内部紧张关系的忽视导致了当时看似合乎逻辑，但最终毫无用处的工会行动计划。工会提出的解决方案是，首先实施任务注册智能手机应用程序，并让员工填写 Excel 表格，以列出在特定任务上实际花费的时间，这当然是假设时间和思维的阈限可以被记录在一个漂亮的档案中——从而最终模糊或使任何无法通过数字和表格显而易见的工作或与工作相关的压力变得无关紧要。因此，这种"解决方案"再现了德里达式的"档案热"，正如"大数据"的情况一样，控制论逻辑导致了主观的、矛盾的和极限经验的消除，以及对身体疲惫的真正原因的忽视。通常，这种解决方案是通过那些幻想和控制工具来实现的。这些幻想和控制工具是完全透明和自由个人主义理想的基础，也恰恰允许管理层将员工置于进一步的监督之下。其次，工会建议我们成立工作组，思考如何进一步从管理控制中夺取教学和科研的"自主权"。然而矛盾的是，这种减少工作量的尝试不仅同样会导致更多的归档和委员会工作，而且朝着怀旧地回到自治幻想的歧途发展，正如利奥塔在《非人》中警告的那样，"促成了一条警戒线的形成"，其不负责任地脱离了围墙内外的苦难（1991，76）。同样在这种情况下，工会虽然表面上通过提供各种工具和解决方案来帮助过度工作的员工，但最终还是让员工自己承担责任来"解决"过度工作。更重要的是，工会执行的逻辑本身是一个沉浸在走向透明暴政的逻辑进程，并且是如此无能为力，因为事实上，这一逻辑的再现恰恰是各种学术人员流失的原因。根据维利里奥在《机器视觉》一书中的思路，我认为这里的教职员工和学生正在受到一种"感知物流"的影响，即加速的承诺和技术使他们"眼花缭乱"，导致他们身体的时间和机器的光速之间的脱节（1994，5）。从这个意义上说，这些工会的代表性逻辑属于过去。在过去，学术"精英"的个人权利仍然与民族国家的目标联系在一起，所以，作为一种在结构层面上解决这些当代疾病的模式不仅毫无用处，而且通过在全球新自由主义背景下加速大学的精英主义功能，再现了这种前精英主义的消极影响。

因此，学术人员和学生所承受的这些紧张关系在乐观主义或解决主义的学术工作中越来越快地重复出现，这也是因为普遍"遗忘"了这种解决主义对身体持续体验的负面影响。通过这种方式，人们试图在一个似乎越来越失控的体系中重新获得控制权——这也可以从更频繁地困扰资本主义的危机中获得。乍一看，这种试图通过重复大学的理想来夺回控制权的尝试似乎是无害和有益的。然而，约翰·阿米蒂奇和乔安妮·罗伯茨在《时间乌托邦》（Chronotopia）中仍然认为这种"周期性重复"（2002，52）尤其危险，因为控制的幻想仍然是一种幻想。与此同时，这种越来越强烈的重复最终只能让位于重大事故，因为这种速度空间从根本上来说是指数级的不稳定。阿米蒂奇和罗伯茨通过他们所称的"时间乌托邦主义"（我称为"速度精英主义"）提出的"周期性重复"的观点并不意味着速度精英对追求精通的确切重复。相反，我认为正是这种重复差异的内在性质，即德里达在《签名、事件、上下文》（Signature Event Context）中所称的"由于（技术）迭代结构与作为最后分析权威的……意识相隔绝而导致的本质漂移"（1982，316），使得维利里奥的模糊事故得以出现。通过技术加速重复而产生的差异可能会成为一种潜力，但确切地说只是一种无法被意志控制的日益增长的潜力——从这个意义上说，它确实是一件不可预料的事件。然后，人们可以反过来谈论在这个或许被过于仓促地称为新自由主义大学的地方，政治的强化为面对新自由主义的批评打开了出人意料的空间，而新自由主义接二连三地指向了其企业的根本不稳定性。激进主义的研究项目、新形式的网络化学习、对方法的痴迷、对大学怀旧观念的追索，甚至批判性思维的教学都因其技术加速而强化，从某种意义上说，这是它们无意中的优点。这种对政治的强化并不是什么值得庆祝的理由，因为它仍然是新自由主义知识生产模式的标志，无论其关键内容如何，新的远程技术都是优秀的。因此，矛盾的是，这一概念与学术"视觉机器"的功能方面几乎完全交织在一起，虽然旨在追求完全掌握，但实际上加剧了它的内在缺陷。当前大学的不稳定性反映并加剧了资本主义的波动性，其特征是不可持续性、女性的日益贫困化、新的全球上层阶级的崛起以及高度中介化的控制论错觉。简而言之，当代大学本质上是由一个自身的偶然事件构成的。那么我们是不是就让自体免疫疾病顺其自然呢？

第二节　走出学术界的灰烬？

大学通过其"自我解构"带来的根本不稳定性也因此开启了新的思维形式和想象力的机会，即使现在看来是灾难性的，但也可能是偶然的"意外"。德里达事实上暗示了这一点，但也暗示了大学的不确定性。在《杠杆：或学院之争》中，他声称他"几乎可以把（大学）

叫做形而上和技术这对密不可分的夫妇的孩子"（1993，5）。几乎，但从来没有在透明机制与其极隐秘的理论、管理和方法操作之间的矛盾鸿沟中出现真正颠覆性变革的可能性。然而，这种变化不会仅仅由批判的内容带来，而是由它灾难性地推动加速到系统崩溃或内爆的程度。在《致命策略》一书中，鲍德里亚称为当代理论必须采用的"致命策略"：这是一种概念性的自杀式攻击，其目的是在一系列有问题的符号学对立的速度精英主义动员下拉开帷幕，这也将说明任何结构性预测尝试背后的基本悖论。在他另一本"致命"作品中题为"最终解决方案"的章节，鲍德里亚通过对克隆的隐喻和实际研究，将这种对辩证法、控制力和透明度的人文主义痴迷的加剧——对技术科学研究基础上的不朽追求——与毁灭和死亡驱动联系起来，这与德里达在《档案热》中对远程技术档案的调查产生了不可思议的共鸣。我在这个阶段阅读鲍德里亚的"最终解决方案"，也是为了隐喻将思想复制（克隆）到大学围墙外的虚拟空间，而这种克隆从未成功地将其强制性的乐观强加给每个人和每件事。鲍德里亚认为，如果当代研究寻求使人类克隆成为可能，那么这种努力就相当于癌症：毕竟，作为一种致命的增殖形式，癌症仅是自动克隆。这里值得注意的是，创建一支克隆人军队的可能性同样引起了军事上的极大兴趣，正如今天学术界越来越多地为军事目的服务一样。由于克隆作为自动增殖的逻辑是当前所有技术和人文主义进步的典型，这种逻辑的加剧只能意味着更多的希望和死亡，甚至可能通过死亡带来希望。科技进步需要回归到不朽的状态，这是典型的对当前社会技术状况怀旧的缩影，因为那时我们是"不可分割的"（2000，6）。这一论点实际上与《启示录》的论调不谋而合，例如，激进主义研究项目以及海德格尔的论点。但我认为，鲍德里亚不仅指的是人类性别化之前的无生命阶段，还暗指对"语言分割的主体"的精神分析解读及其对整体和透明交流的怀念。因此，对永生的渴望，就像档案热一样，与弗洛伊德的死亡驱动力如出一辙，我们自己最终成为我们技术审查和怀旧情绪的对象。因此，作为现代科技大学理念基础的人文主义者对自身和世界完全透明的追求，最终是一种（自我）毁灭的企图，或者无论如何，是一种对（个人）贯穿始终的根本差异的破坏。正如我在前一章中所指出的，伯纳德·斯蒂格勒在《技术与时间2：迷失方向》中有问题地回避了一个紧迫的政治问题，然后变成：哪些自我现在和将来会陷入完全自我透明和自我辩护的错觉中，哪些自我会被摧毁？正如乔恩·库克在《科技大学与知识的未来》（*The Techno-University and the Future of Knowledge*）中同样提出的那样，我们如何才能构想一种"抵制速度要求的智力探究或美学思考的伦理"（1999，323）？在此特别值得注意的是，这个问题的开端和它可能的分析，就像本书所描述的高速精英的概念一样，本身又是独立真理、正义和理性大学的基础神话的再现。因此，在弘扬人文主义的承诺时，这种分析本身就被束缚在加速和毁灭逻辑的强化中，但也同样脆弱。这种思想在加速暴力中的共谋反过来又加速了人文主义承诺的机器，并且只能在对即将到来的启示录的预测中表现出来——无论是关于思想和大学死亡的叙述，还是关于产生弗洛伊德死亡驱动力的技术加速的叙述。我们这些学者或者看起来只是下一个在技术上实现完全"γνωθισαυτον"（"了解你自己"）的目标。因为毕竟克隆人从来都不是精确的复制品，鲍德里亚很清楚这一点。所以，值得庆幸的是，本书中讨论的所有教学和研究项目在多大程度上可能引起争议还未被考虑到。

因此，维利里奥的工作是有帮助的，因为它放弃了标准学术修辞中的"强制乐观主义"，而采用一种更脆弱的乐观主义，寻求确认最初使知识成为可能的根本的不可知性或神圣性。从这个意义上说，维利里奥和鲍德里亚敦促我们，正如德里达所描述的那样，鉴于目前学术机构的理想所带来的负面影响，"承担更原始的责任"。正如我在第一章中所暗示的，每一种形式的唯心主义确实最终都会或需要受制于它自己的批判，也许最终甚至需要屈从于它。尽管这些理论、中心、组织和左翼学者的实践是增加可见性和透明度逻辑的外流，但它们也以可见的形式呈现出"整合"和"连接"一切和每个人的反常逻辑，例如，一些主张"自下而上学习"的理论家将其概述为一种美德，一种相对他者的极其阶段性的视觉丰富。由于学术生产力和激进主义发现自己与大学有悖常理的理想完全一致，因此提高其赌注并不在于放弃熟悉的"自由"、"赋权"或"民主"，而是在于在其所有教学和研究实践中重新插入（内在）主观和"嘈杂"的元素。这需要强调对一切有意义的学习和互动中所固有的"未知数"的必要尊重，承认宇宙的神奇之处是所有欣赏它的基础。正如维利里奥在他的《视觉机器》第二章中强调的，"不知道，尤其是看不见的预设……使每个研究项目都恢复了原始无知的基本背景"，因此我们"需要承认，对于人眼来说，本质是看不见的"（1994，23）。鲍德里亚呼应了维利里奥在"被诅咒部分的定理"中的见解，强调"任何清除被诅咒部分的事物都是在签署自己的死亡令"（1990，121）。也许在现代大学的创建过程中，最大的错误是否认和试图抹杀大学的宗教或精神方面，因此，与其成为一部视觉机器，不如让"更原始的责任"使其成为一个本着启蒙运动前伦理精神的"谦卑机器"。无论如何，基于大学紧张局势的认识以及它今天加剧到如此程度，以至于越来越多的学者开始对他们的使命感到幻灭或困惑，这也许为我们提供了一个有益的"宿命论"和"神奇世界观"的回归，弗莱雷尤其迫切地想要根除它们。因此，我们可能希望欢迎这种致命态度令人不安的力量，这种态度将"交流即社区"的理念视为真正的解药，甚至可能是典型的阴影，它总是秘密地伴随着大学对全面交流和透明度的追求。通过交流及其功能主义理论激进化的可能性最终可能出人意料地存在于其意想不到的结果中，既有积极的，也有消极的。到那时，我将与所有这些项目和学者一起"保持信念"，也由于所有这些理论和项目，未来可能比以往任何时候都更加彻底地开放，只要我们认真考虑这样一种可能性，即在通过强制乐观的学术表现试图消除宿命和不可知的过程中，潜藏着"更原创的"责任。

回归宿命论的后果之一是承认科学和哲学理论的表征理想——即它不仅必须尽可能"描述"现实，而且这种描述是可能的或完全可取的幻想，故必须被抛弃，转而支持思辨诗学。根据鲍德里亚的说法，《完美的罪行》一书实际上是在充分利用传统的批判理论，将完美罪行的受害者置于无所不知和透明沟通的挫败理想中。我在第三章中提到正是出于这个原因，吉诺斯科在《理论的戏剧》（*The Drama of Theory*）中正确地将理论问题与政治戏剧问题相提并论，表明鲍德里亚提出的并不是复制剧院试图通过纪实现实主义的方式说服观众的无效尝试，而是在一种"翻转"的剧院中，"客体将对西方形而上学进行报复"（1994，295）。吉诺斯科反过来有帮助地引用了鲍德里亚对"水晶"的隐喻。我同意这可以被解读为一个完美透明的物体和理想的水晶宇宙的理想化，似乎在科学描述中有所体现，但就像一个"水晶球"，人们"凝视着它以唤起无数的感觉"——不仅仅是那种不确定的感觉，以及某人被那个物体诱惑的矛盾心理（1994，296）。威廉·博加德在《鲍德里亚，时间和结局》（*Baudrillard，Time，and the End*）中有益地指出，诱惑确实包括"对防御（免疫）的克服"（1994，333）。鲍德里亚在"Baudrillard Live"节目中接受尼古拉斯·祖尔布鲁格采访时强调了新的理论激进主义的可能性，他也遵循了"水晶复仇"的逻辑。"也许我们唯一能做的就是破坏和激怒我们周围的世界。我们不应该假定会产生积极的解决方案，我们需要通过最坏情况下的策略来迂回。这不是观念的问题——已经有太多的观念了！"（1993，170–171）综上所述，要让自体免疫疾病顺其自然，就必须首先看到大学从一开始就是一个荒谬的骗局：它是启蒙人文主义的妄想惊人荒谬的产物。然而，这也意味着任何像这样的代表性理论批评都同样是理论分析权威的骗局，正如利奥塔所建议的那样，在这种骗局中，真理和技术可能已经相互瓦解。因此，本书通过分享同样的可见性理念，同时将当代大学的问题暴露在审查和可见性之下，表明我们遵循一种"致命的"意识提升策略，以便有希望为未来关于学术界的激进事件埋下种子。举个例子，大学的教职工和学生可能会从当前的当务之急中撤离，这将标志着大学对自然科学和人文科学的神秘思维的基本信念明显瓦解。也许我们现在应该让大学流血而死。这样一个明显的"解决方案"，既不寻求解决任何问题，也不做任何预测，尽管看似荒谬，但可能意味着当代大学的死亡，及其作为一个截然不同的实体的复兴。因此，本书最终必须保持思辨性和不透明性，并把最后一章作为一种争议性的挑衅，不寻求预先规划大学的下一个阶段应该如何，或者需要歌颂何样理想，因为如此做本身就会变得有问题和最终成为管理主义者声称的透明（前）知识和真正解放的牺牲品。这本书，在其所有的哲学和分析性论述中，毕竟甚至不能肯定地声称它以任何一种自信的方式代表了当代大学的现实，或者说它并没有偷偷把"被观察模式"和"观察模式"混为一谈。那么，难道这本书自身不只是参与了大学一直存在的错觉吗？再次套用德里达的话：大学，真的是一个多么好的想法！现在也许是时候让那个被诅咒的机构安息了，放下那个诱人的水晶球，这样我们都可以安息了。